DESESTRESSE

CIÊNCIA E PRÁTICA PARA UMA VIDA MAIS LEVE E SAUDÁVEL

REGINA CHAMON
MÉDICA FORMADA EM MANEJO DO ESTRESSE PELA HARVARD

DESESTRESSE

CIÊNCIA E PRÁTICA PARA UMA VIDA MAIS LEVE E SAUDÁVEL

manole
editora

Produção editorial: Marcos Toledo
Projeto gráfico: Departamento de Arte da Editora Manole
Editoração eletrônica: Formato Editoração
Ilustrações: Formato Editoração
Capa e imagem da capa: Iuri Guião

CIP-BRASIL. CATALOGAÇÃO NA PUBLICAÇÃO
SINDICATO NACIONAL DOS EDITORES DE LIVROS, RJ

C428d

Chamon, Regina
Desestresse : ciência e prática para uma vida mais leve e saudável / Regina Chamon. - 1. ed. - Barueri [SP] : Manole, 2025.
244 p.

ISBN 9788520471159

1. Estresse (Fisiologia). 2. Estresse (Psicologia). 3. Administração do estresse. I. Título.

25-100153.0 CDD: 155.9042
CDU: 159.944.4

Carla Rosa Martins Gonçalves - Bibliotecária - CRB-7/4782

Edição – 2025

Editora Manole Ltda.
Alameda Rio Negro, 967 – cj. 717 – Alphaville
Barueri – São Paulo – SP – Brasil
CEP: 06454-000

Fone: (11) 41966000
www.manole.com.br | https://atendimento.manole.com.br/
Impresso no Brasil | *Printed in Brazil*

Sobre a autora

REGINA CHAMON

Filha de uma professora de Letras apaixonada pela palavra e de um físico nuclear dedicado à pesquisa científica, Regina Chamon cresceu entre livros, experimentos e conversas sobre o mundo. Dessa mistura, nasceu sua vocação: transformar ciência em palavras bonitas, capazes de tocar as pessoas e inspirar mudanças reais no cuidado com a saúde.

Médica formada pela Universidade Estadual de Campinas (Unicamp), é especialista em hematologia pela Associação Brasileira de Hematologia, Hemoterapia e Terapia Celular. Possui certificação em alívio do estresse e treino da resiliência pelo Benson-Henry Institute, braço de medicina mente-corpo da Harvard Medical School, e em medicina do estilo de vida pelo International Board of Lifestyle Medicine. É também professora de meditação formada pela Universidade Federal de São Paulo (Unifesp).

Regina aplica os conceitos apresentados neste livro no cuidado diário com seus pacientes e ensina profissionais de saúde a incorporarem essas estratégias à prática clínica, unindo ciência e humanidade.

Comunicadora nata, apresenta desde 2020 o *podcast* Desestresse, escreve a coluna **Saúde sem Estresse** na revista *Boa Forma* e é autora do livro *Meditação e Saúde: dos mosteiros aos consultórios médicos.*

Seu propósito é inspirar as pessoas a cultivarem saúde todos os dias.

Manifesto desestresse: saúde a gente cultiva todos os dias!

Ela entrou pela porta com um sorriso gentil, mas um pouco amedrontado, os olhos inseguros e cheios de esperança, prestes a ficarem molhados, emoldurados por um rosto de pele suave. Ao longo de mais de duas décadas exercendo a medicina, percebo que esse olho no olho, mesmo antes de a porta do consultório se fechar, é de uma riqueza imensurável para todos os momentos que se seguem.

Das poucas vezes em que precisei ir ao médico, senti algo muito parecido com o que essa jovem sentia ao entrar no meu consultório: a necessidade de receber um cuidado técnico e prático somada ao grande receio de não haver afeto e compreensão na mesma medida.

Eu, ao contrário das pessoas que acompanho, nunca tive uma doença grave. Não passei por um grande trauma ou situação de intensa vulnerabilidade, nem violência. Em casa nunca faltou teto, comida ou amor. Mesmo assim, diariamente sinto meu pescoço tenso, uma pontada na boca do estômago e o pensamento acelerado – sou acometida pelo estresse existencial.

Quando decidi fazer faculdade de Medicina, as doenças não me interessavam muito. O que cutucava minha curiosidade era a maneira como a mente humana funciona. Ao longo do caminho me encantei com os minimilagres diários que acontecem dentro de nós. É uma engenharia tão complexa! Para organizar a extensa rede de comunicação entre células muito distantes, o corpo utiliza proteínas, produzidas a partir da leitura de pequenos pedaços de um quebra-cabeças de A-C | T-G, que constituem os nossos genes. O combustível para essa maquinaria toda funcionar, o ATP, é produzido em uma fábrica 100 vezes menor que um grão de areia fino, chamada mitocôndria. Parando para pensar, é tanta coisa que pode dar errado que o simples fato de abrirmos os olhos pela manhã parece altamente improvável.

Se esse conhecimento do funcionamento do corpo e das doenças, apesar de muito avançando, ainda tem uma enorme quantidade de buracos negros, o entendimento da nossa mente está a muitas galáxias de distância da nossa compreensão. O cuidado com corpo e mente com certeza não é uma ciência exata, tampouco é uma ciência biológica, ao contrário do que muitos profissionais de saúde acreditam. Cuidar é uma ciência humana! E, como tal, precisa do envolvimento de outro humano, com todas as suas dores e delícias.

Cuidar é uma ciência humana!

Ser médico hoje – e sempre – não se resume a prescrever remédios, vitaminas, muito menos soros dos mais diversos tipos. Ser um bom profissional de saúde é entender que mesmo quem não tem uma doença física, sofre de angústias muitas vezes incompreensíveis para o pensamento lógico. A incerteza, a insegurança e a sensação de ter que dar conta de tudo colocam o corpo numa biologia que nos adoece – a biologia do estresse crônico. Insônia, cansaço, sensação de sobrecarga e uma falta persistente de bem-estar. Esses são os principais problemas de saúde com os quais me deparo no consultório e na minha vida. Para esses sintomas, aprender a desenvolver segurança, relaxamento e habilidade de se adaptar são os melhores remédios.

Converso com muitos médicos que se sentem frustrados por não conseguir ajudar seus pacientes como acreditam que poderiam. E quase todos os dias encontro colegas de profissão que se sentem esgotados e acham que a medicina não é mais para eles. Eu já me senti assim. Por um tempo, achei que a solução fosse deixar de ser médica. Até que entendi que a verdadeira saída para esse desgosto está, na verdade, em mudar a filosofia de cuidado.

Para cuidar bem, de si e do outro, precisamos de ferramentas práticas que identificam os sintomas do estresse e as situações que o causam. É importante conhecer técnicas que induzam no organismo a capacidade de reparar os pequenos erros que nossas microestruturas sofrem cotidianamente como consequência de um estresse tóxico e tão presente na vida. Essas técnicas colocam o corpo em estado de descanso profundo, uma biologia de restauração essencial para o florescimento da saúde.

O descanso profundo é um
ato radical de cuidado!

É fundamental para todo profissional de saúde oferecer estratégias reais e transformadoras que permitam que o paciente se torne agente de sua própria saúde. É por isso que, ao longo dos meus mais de 20 anos na medicina, passei os últimos 10 aprendendo e ensinando a mais de 500 médicos como integrar, na prática clínica, estratégias eficazes de gerenciamento do estresse – ferramentas que de fato funcionam na vida real e apressada que vivemos.

Precisamos definitivamente entender que:

- **Descansar** não é perda de tempo – é investimento em **bem-estar**.
- **Relaxar** não é sinal de preguiça – é uma fonte de **energia**.
- **Pausar** não é se distrair – é uma forma de redirecionar a **atenção**.

Os desafios da vida – do corpo e da alma – exigem mais do que um simples remédio. Eles pedem um olhar atento, uma escuta que reconheça nossos medos e inseguranças, mas também ferramentas práticas para cuidar de nós mesmos. Eu não desejo que você tenha uma vida calma. Desejo que você tenha uma vida em que se sinta seguro, pois é a segurança que nos permite ter conexões profundas e significativas com quem amamos. E para isso precisamos aprender, também dentro do consultório médico, estratégias que nos tragam a percepção dessa segurança.

A vida já anda corrida demais, e o estresse vira e mexe nos afoga. Imagine poder navegar nesse mar de incertezas criando ilhas de bem-estar onde o cuidado e a atenção se transformam em âncoras firmes. Não seria muito melhor?

Se você é paciente, não se contente com abordagens que apenas tratam os sintomas. Busque profissionais que enxerguem você de forma integral, que ofereçam recursos práticos para que você possa cultivar sua saúde todos os dias.

E se você é médico, não pare na teoria. Está na hora de aprender a transformar conhecimento em prática, ensinando aos seus pacientes estratégias de gerenciamento do estresse que realmente funcionam. Eu posso te ensinar as metodologias que já aprendi: técnicas respiratórias, exercícios cognitivos, meditação, estratégias de adaptação que tornam corpo e mente mais capazes de lidar com o estresse. Mas o meu principal convite, minha convocação, é para que você se junte a essa revolução no cuidado – um movimento que vai além dos remédios e abraça a ciência, a evidência e métodos acessíveis de alívio do estresse que transformam vidas.

Desestresse é um chamado para todos nós que desejamos viver com mais leveza e tranquilidade.

Se você chegou até aqui é porque, assim como a paciente que me procurou com o sorriso gentil, reconhece a importância de um cuidado técnico, sim, mas que também pode ser afetuoso e com muito olho no olho.

Vem comigo fazer parte dessa jornada transformadora de cuidado. Vamos juntos cultivar saúde e bem-estar todos os dias!

Sumário

Prefácio

"Estou muito estressado!" Essa é a frase que quase sempre ouvimos dos pacientes. Não por acaso, pois estima-se que 80% das vezes que as pessoas procuram um serviço de saúde, o estresse está entre as causas do problema. A grande questão é: as pessoas não têm letramento sobre o estresse. Inclusive, os médicos!

Embora o estresse seja essa queixa frequente e intimamente relacionada à saúde física e mental, a formação dos médicos e profissionais da saúde é extremamente deficiente nesse tema. Há muitos anos, busquei profissionais para darem aulas e palestras sobre o estresse. Conversei com diversos psiquiatras e psicólogos renomados e, para a minha surpresa, disseram que não se sentiam aptos a falar sobre o tema. Eu mesma como médica me perguntava: o que é exatamente o estresse? Como diagnosticar? Como tratar e, principalmente, como podemos preveni-lo? A busca por essas respostas foi um dos caminhos que me levaram à Medicina do Estilo de Vida e ao Benson Henry Institute for Mind Body Medicine.

Foi nesse período que conheci a Regina Chamon, quando atuamos na equipe de controle de sintomas e cuidados paliativos de um grande hospital de São Paulo. Chamava minha atenção aquela médica jovem alegre, com os cabelos loiros, encaracolados e esvoaçantes. Comprometida, sensível e muito comunicativa, ela já existia na internet como a @drasanguebom, passando informações de qualidade sobre saúde e bem-estar. Que nome incrível para uma hematologista com aquela personalidade!

Nossa amizade cresceu em meio a discussões de casos complexos, de forte carga emocional e conversas sobre a vida e como a nossa forma de fazer medicina era diferente. Com muito orgulho, éramos reconhecidas pelo hospital como as médicas que cuidavam do bem-estar dos pacientes, acompanhantes e equipes. Nossas ações sempre eram guiadas pela ética e pela ciência. Eu me encantava cada vez mais pela acupuntura e pela medicina do estilo de vida. E Regina se encantava cada vez mais pela meditação e pelo estresse. Investimos muitas horas em estudos e reflexões.

Eu não sabia, mas presenciava o surgimento de uma grande referência brasileira sobre estresse e meditação. Regina se aprofundou nos estudos desses temas nas instituições científicas mais respeitadas do mundo e bebeu em fontes brasileiras com Roberto Cardoso, Lia Diskin e muitas outras pessoas que compartilhavam experiências e conhecimentos que ela pudesse agregar aos seus estudos.

Perspicaz, humilde e cuidadosa, mesclava conhecimentos e os transformava em práticas para os pacientes. Assim, foi construindo uma abordagem própria, com base científica e que ajuda as pessoas a reconhecerem e lidarem melhor com o estresse e a desenvolverem resiliência e consciência para construírem uma vida melhor.

Regina também é muito didática e organizada. Transforma informações de artigos científicos complexos em mensagens fáceis de assimilar. Não demorou para ela ser chamada para ministrar aulas e palestras, tornando-se referência no assunto. Ela também desenvolveu seu curso de capacitação em gerenciamento do estresse na prática clínica, no qual capacita profissionais da saúde a orientarem pacientes na prática da meditação e no manejo do estresse de forma consciente e eficaz.

Regina já publicou seu livro sobre meditação. Agora nos brinda com DESESTRESSE, homônimo de seu *podcast*, que leva informações ao público geral.

Essa obra era necessária, com riqueza de informações científicas que desmistificam o estresse e nos orientam a navegar com mais segurança em suas águas turbulentas. E, como era de se esperar, mantém a linguagem acessível e o tom divertido e acolhedor que fazem parte da sua personalidade.

Esse livro é um legado, fruto do amor que Regina tem pelo tema e de seu comprometimento com os indivíduos, com a ciência, com a saúde e o bem-estar. Ele nos ajudará a seguir o seu lema: "Saúde a gente cultiva todos os dias!"

Boa leitura!

Dra. Sley Tanigawa Guimarães
Médica, líder de curso em Harvard-Emeritus, cofundadora e ex-presidente do Colégio Brasileiro de Medicina do Estilo de Vida. Coordenadora de pós-graduação em Medicina do Estilo de Vida no Hospital Israelita Albert Einstein e no Instituto Adapta.

Apresentação

A Vida me deixou uma marca. Não é metáfora ou exagero, mas uma marca real na pele. Era dezembro de 2019, fim de tarde, um pôr do sol espetacular com céu em tons de rosa e laranja e o som de risadas suaves misturadas ao silêncio das montanhas. Tudo estava em paz, até que a Vida, uma vira-latinha de pelo brilhoso, pulou em mim com alegria. Suas unhas afiadas rasgaram minha canela, deixando um fio de sangue escorrer. Doeu, claro, mas nada que me tirasse daquela cena tão viva. Lavei, cuidei e o corpo, silenciosamente, fez o que sabe fazer: se regenerou. Hoje a ferida virou cicatriz, uma lembrança visível de que há em nós uma inteligência viva que repara, renova e se adapta. Essa mesma inteligência que atua no corpo também pode ser despertada na mente e no coração. E é justamente quando ela parece ameaçada, como nos momentos de estresse intenso e prolongado, que percebemos o quanto precisamos reencontrar esse caminho de regeneração.

É natural sentir um choque ao aprender os impactos profundos que a sobrecarga de estresse causa na saúde. Ficamos tensos ao perceber a extensão desses efeitos, mas essa compreensão também abre espaço para agir de forma consciente e buscar estratégias para recuperar o equilíbrio.

O estresse é uma forma de chamar a nossa atenção para aquilo que realmente importa para cada um de nós. Por isso precisamos cultivar um olhar humano para ele, sem imposições e sem a narrativa de "ser forte o tempo todo". É um processo de autodescoberta, em que cada pessoa pode encontrar sua forma única de caminhar para uma vida mais harmoniosa. Ao longo deste livro vou te ensinar um caminho gentil, simples, efetivo e baseado na ciência para uma vida mais leve e saudável. Sim, esse caminho é possível, e posso afirmar, pois não só já orientei centenas de pessoas nele como eu mesma o percorri – e ainda percorro todos os dias.

ABORDAGEM S·E·R·

Na primeira parte, ensino você a cultivar um **Sistema de estresse saudável**, a partir da prática de atividades que promovem o estresse bom e de estratégias que nos permitem reconhecer e reduzir o estresse tóxico.

Na segunda parte do livro você vai aprender práticas que promovem o **Estímulo ao descanso profundo** por meio da ativação da resposta de relaxamento. Ensino a você também a biologia por trás das práticas *mente corpo* ou contemplativas e a grande quantidade de pesquisa científica que tem se desenvolvido nessa área nas últimas décadas.

Por fim, apresento a você os **Recursos de adaptação**, que nos permitem mudar o olhar sobre o mundo e nos tornar mais capazes de lidar com o inesperado e mais conscientes da beleza da vida.

Gosto de dividir a saúde em dois ciclos, um vicioso e outro virtuoso. No primeiro, quando estamos diante de um obstáculo ou de uma incerteza, usamos o cérebro reativo, com a linguagem do

FIGURA 1 Modelo da abordagem S.E.R. – um caminho gentil de cuidado com o estresse

estresse, e interpretamos a situação como ameaçadora. Isso desencadeia a biologia da resposta de estresse, com um aumento pronunciado de adrenalina e cortisol, coração acelerado, respiração curta, músculos tensos e mente agitada. Reagimos de forma instintiva – e nem sempre adequada. Quando essa biologia se prolonga no tempo, sem períodos de recuperação completa, o corpo começa a sofrer seus efeitos tóxicos e adoecer. Na busca por aliviar a tensão, é comum recorrermos a estratégias pouco saudáveis, como o consumo de substâncias (álcool, cigarro, medicamentos, drogas), comportamentos lesivos (comer em excesso, trabalhar demais, dormir de menos) e relações prejudiciais (brigas, desconfiança, crítica exagerada), o que gera ainda mais estresse.

Por outro lado, no ciclo virtuoso, o cérebro adaptativo está mais ativo e a linguagem da regulação fala mais alto. Nesse caso, em face de situações incertas ou desafiadoras, ao invés de enxergar ameaça, interpretamos como oportunidade de crescimento e aprendizagem. Assim, nosso corpo mobiliza energia ligando rapidamente a resposta de estresse, com uma intensidade adequada para o momento, e duração limitada, sem causar lesão ao organismo. Respondemos de forma apropriada e proporcional, mantendo a mente aberta para novas possibilidades, o que permite uma melhor adaptação. Isso favorece a sensação de segurança em nossa habilidade de lidar com o desafio, o que ativa a resposta de relaxamento, levando a uma biologia mais adequada, com menos gasto de energia e maior possibilidade de restauração da saúde física e emocional. Com o organismo equilibrado e a mente tranquila, sentimo-nos encorajados a manter hábitos saudáveis (sono restaurador, períodos de descanso, alimentação nutritiva), relações significativas e uma conexão intensa com tudo o que nos faz bem. Assim fica mais fácil lidar com os desafios que, esperada ou inesperadamente, surgem em nosso caminho. Podemos chamar de resiliência, mas eu prefiro chamar de ciclo virtuoso.

Gosto do conceito da Equação da Medicina *Mente Corpo* proposto pelo psiquiatra Gregory Fricchione, em que ele diz que o risco de doenças é diretamente proporcional à quantidade de estresse crônico ao qual estamos submetidos e inversamente proporcional à capacidade de resiliência que desenvolvemos.[1]

Também sinto afinidade com um conceito da médica holandesa Matcheld Huber em que ela propõe que a saúde não é um estado fixo, mas sim um processo dinâmico, baseado na capacidade de se adaptar e autogerenciar. Ela envolve a habilidade de lidar com desafios, manter e restaurar nossa integridade, equilíbrio e senso de bem-estar ao longo do tempo.[2]

Reuni o conceito desses dois grandes médicos que admiro muito em uma Equação da Saúde *Mente Corpo*. Para nos tornarmos mais saudáveis, precisamos aumentar nossa capacidade de nos adaptarmos ao mundo ao redor com gentileza e consciência e diminuir a presença do estresse crônico em nossas vidas. É dessa forma que geramos menos desgaste no corpo e investimos energia em melhorar o seu funcionamento.

$$\text{Saúde } \textit{Mente Corpo} = \frac{\text{Capacidade de adaptação e autorregulação}}{\text{Estresse crônico}}$$

A partir dessa observação, desenvolvi a **Abordagem S.E.R.**, um convite para um caminho contínuo de autocuidado e ajustes conscientes, sem fórmulas rígidas. É uma prática de bem-estar fundamentada na ciência, mas vivida no dia a dia com estratégias acessíveis e adaptáveis. Ela não exige perfeição nem resistência inabalável, mas sim uma habilidade de adaptação, em que cada pessoa pode ajustar sua relação com o estresse de forma gentil e sustentável.

- **S - Sistema de estresse saudável**
  Em vez de eliminar completamente o estresse (o que seria impossível), aprendemos a diferenciar o que é **bom estresse**, que impulsiona crescimento e aprendizado, do que é **estresse tóxico**, que desgasta e desequilibra o corpo e a mente. Treinamos o primeiro e reduzimos o segundo.
- **E - Estímulo ao descanso profundo**
  O descanso não é apenas sobre dormir mais, mas **ativar a resposta fisiológica de relaxamento**, permitindo que o corpo se restaure, se fortaleça e funcione melhor. Para isso utilizamos metodologias contemplativas e técnicas de relaxamento.
- **R - Recursos de adaptação**
  Cultivar hábitos saudáveis, ajustar nossa visão sobre os desafios, nutrir laços sociais e explorar a espiritualidade são ferramentas valiosas para **construir uma base sólida para navegar pelas adversidades com equilíbrio**.

Nos próximos capítulos te ensino a colocar a Abordagem S.E.R. em prática. Tudo embasado na ciência e com uma pitada de afeto, para que as marcas da Vida deixem boas recordações em você, assim como têm deixado em mim.

Introdução

Gosto muito de comemorar meu aniversário. Quando estava na casa dos 20, minhas amigas brincavam que o mês de junho era o Regina Fest, dias e dias de festejo no forró, no samba e no sertanejo. Quando trintei foi um sambão de responsa lá na casa da minha mãe. Teve feijoada e o sambista Trovão do Brasil arrasando no batuque. Abraços e sorrisos para todo lado. Fiquei por alguns anos projetando a comemoração da próxima década. Eu só não contava que o mundo estaria de portas fechadas quando os 40 chegassem.

Quarentei em meio à quarentena da pandemia de covid, e não foi possível reunir a turma em uma grande festa. Também não dava para fazer uma viagem espetacular. Durante algumas semanas fiquei pensando qual seria a maior extravagância que eu poderia fazer para comemorar minha nova década. Terminei a faculdade de medicina com 24 anos e desde então minhas férias eram de uma semana ou, com muita ginástica na agenda, 15 dias. Decidi festejar tirando 40 dias de férias. Um dia de descanso para cada ano de vida.

Achei justíssimo, e começou o estica e puxa para conciliar folga nos 3 empregos que eu tinha na época. Deu tudo certo, aluguei uma casa em uma praia muito gostosa, um cantinho silencioso e vazio do mundo, avisei que estaria em quarentena e parti com uma mala pequena e meu cachorro. O plano era receber a família e alguns amigos espalhados durante os finais de semana, para não aglomerar, e ficar curtindo a solitude durante a semana.

Os primeiros dias foram ótimos! Minha família mais próxima veio, curtimos uma praia invernal, com sol fresco e céu azul, comemos charutinho de folha de uva, minha comida preferida, e no tabuleiro teve Sherlock Holmes, meu jogo favorito. Domingo à tarde meu marido foi embora, segunda cedo os demais se foram. Suspirei tranquila, caminhei na areia e pensei: agora vou curtir sozinha!

O dia seguiu gostoso, a noite foi caindo mansa, e fiquei admirada com o barulho das ondas tão nítido quando coloquei a cabeça no travesseiro. Então meus pensamentos começaram a gritar: "e se aparecer um ladrão?", "essa casa isolada, você não vai conseguir pedir ajuda se passar mal", "por que foi inventar de ficar tão longe do mundo?". Meus olhos estalaram, o coração acelerou, a respiração encurtou. Coloquei o cachorro em cima da cama para me proteger: 30 cm de comprimento, 20 cm de altura e o pelo mais fofinho que você já viu, "mas qualquer coisa ele late e me avisa", pensei. Olhei 25 vezes para garantir que o celular tinha sinal e tentei respirar profunda e lentamente, como eu havia aprendido que se fazia para acalmar o nervosismo.

Fechei os olhos, mas a mente não desligou na mesma velocidade. Passaram-se um, quinze ou sessenta minutos, não sei ao certo, e comecei a ouvir as tábuas de madeira do deque rangendo. Cobri a cabeça com o lençol e fiquei bem quietinha. Um estrondo enorme, seguido de um barulho de vidro quebrando, me fez saltar da cama, com o coração também pulando do peito. Estava prontinha para sair correndo, enquanto o Teo dormia calmamente no colchão macio. Fui pé ante pé, olhos estreitos, ombros levantados, estômago apertado, espiar por entre as frestas da janela de madeira, certa de avistar o invasor no quintal e pronta para me defender. O meliante era um gatinho fofo que, desastradamente pulando entre as cadeiras do quintal, derrubou um copo que eu havia esquecido do lado de fora.

Essa reação de defesa e mobilização de energia que tive, com a mente alerta e o corpo pronto para a ação, vem instalada no nosso *hardware* desde que nascemos. É a chamada resposta de estresse. Ela vem sendo estudada nos meios científicos modernos desde que Walter Cannon, nas primeiras décadas do século XX, descreveu um mecanismo de adaptação que todos os organismos apresentam quando são colocados diante de adversidades que desequilibram o sistema orgânico.

Um desafio agudo ao nosso bem-estar prontamente liga toda uma cascata de reações no corpo que foi apelidada por Cannon de Resposta de Luta ou Fuga, à qual mais tarde adicionou-se Luta-Fuga-Paralisia. É essa resposta que nos faz sobreviver a uma série de ameaças. Talvez você tenha ficado um pouco sem rumo agora, pois com frequência deve ter ouvido que o estresse é ruim e eu estou te contando que o estresse pode ser bom.

A primeira vez que tive contato com uma divisão didática do gerenciamento do estresse[1] foi em 2018, em um curso na escola médica de Harvard. Há alguns anos eu vinha aprendendo uma filosofia diferente de cuidar da saúde, uma abordagem mais ampla do que aquela com a qual eu havia tido contato na faculdade de Medicina, décadas antes. Essa visão de integração entre corpo-mente-emoções-comportamentos ficou muito evidente para mim quando fui para esse curso em 2018, liderado pelo médico cardiologista Herbert Benson, pioneiro no estudo dos efeitos da meditação na saúde. Herbie, como era chamado pelos colegas, cunhou o termo resposta de relaxamento na década de 1970 e desde então ele e sua equipe estudaram de forma científica a interação entre o corpo e a mente, através dos pensamentos, sentimentos e comportamentos.

Nessa via de mão dupla começamos a conhecer interações que podem beneficiar ou prejudicar a saúde e bem-estar.

A partir desse curso fiquei fascinada pela visão da medicina *mente corpo* e mergulhei fundo nos impactos do estresse e do descanso profundo no cultivo diário da saúde. Lembro-me bem do dia em que, com o coração acelerado e as mãos trêmulas – com uma franca resposta de estresse ativada –, pedi para tirar uma foto com Herbie. Com olhos gentis e cabelos muitos brancos, ele me perguntou de onde eu era. Respondi que era médica, e a sua mensagem está gravada no meu caderno e no meu coração: "Espalhe essas palavras pelo Brasil e pense em maneiras de compartilhá-las. Conte a todos o motivo por trás disso!".

Voltei a Harvard em 2019. Dessa vez assisti à aula de uma enfermeira, também de cabelos brancos e olhar doce, que há 30 anos vinha desenvolvendo, ao lado de Benson, um programa de alívio do estresse e treino da resiliência – o SMART-3RP. Peg Baim me cativou com sua perspectiva de adaptação à vida e foi minha mentora no ensino desse programa nos meses que se seguiram. Concluí minha certificação internacional no início de 2020, não havendo momento mais propício para que eu pudesse colocar os conhecimentos que adquiri ao longo desses anos à serviço de pessoas estressadas e amedrontadas pela ameaça com o novo vírus que circulava entre nós.

A primeira forma de compartilhar o legado do Benson foi conduzindo grupos de 8 semanas de duração voltados para pessoas afetadas física ou emocionalmente pelo estresse. Usei como base a certificação do SMART-3RP, mas adaptei para a realidade brasileira, tirando alguns exercícios e incluindo outras práticas que aprendi ao longo das minhas formações com professores como Lia Diskin, Roberto Cardoso, Jeanne Pilli e Lama Jigme Lhawang. Assim nasceu a **Abordagem S.E.R.**, que apresento neste livro. A cada encontro dos grupos eu via nos participantes uma transformação na maneira de interpretar os desafios, mas principalmente uma sensação de bem-estar crescente. Comecei também a apresentar um *podcast*, o *Desestresse*, com o intuito de levar esses recursos a lugares mais distantes, aos quais eu não conseguia chegar fisicamente.

Em certo momento, percebi que profissionais da saúde - médicos, psicólogos, enfermeiros, nutricionistas, fisioterapeutas, instrutores de ioga e tantos outros que cuidam do bem-estar das pessoas - precisam incorporar à sua prática os conceitos e recursos do gerenciamento do estresse. Foi com essa compreensão que passei a oferecer cursos de capacitação nessa área e a aceitar todos os convites para aulas em ligas acadêmicas, graduação e pós-graduação, onde pudesse plantar essa sementinha do *Desestresse*.

Esse livro, assim como o primeiro que escrevi – *Meditação e saúde: dos mosteiros aos consultórios médicos* –, é uma forma de espalhar a mensagem que aprendi com Herbert Benson, Peg Baim e tantos outros professores pelo caminho: **é possível viver uma vida mais leve e saudável a partir das práticas de bem-estar**.

Modelo da abordagem S.E.R. – um caminho gentil de cuidado com o estresse

S – Sistema de estresse saudável

Foco: reconhecer o estresse tóxico e cultivar formas mais saudáveis de lidar com desafios.

Estratégias:

- Redução de sobrecarga crônica.
- Reestruturação da relação com o estresse.
- Fortalecimento do estresse positivo de adaptação.

E – Estímulo ao descanso profundo

Foco: criar condições para que o corpo e a mente entrem em estados biológicos restaurativos.

Estratégias:

- Estar seguro e se sentir seguro.
- Espaços de silêncio e pausa na rotina.
- Técnicas que induzem à resposta de relaxamento.

R – Recursos de adaptação

Foco: desenvolver um estilo de vida que favoreça a resiliência, a flexibilidade e a saúde duradoura.

Estratégias:

- Recursos biológicos (rotinas saudáveis de sono, alimentação, movimento e contato com a natureza).
- Recursos psíquicos (perspectivas de adaptação, reestruturação cognitiva, mentalidade flexível).
- Recursos de conexão – sociais (rede de apoio, relacionamentos, comunidade) e espirituais (propósito, valores, sentido, cultivo das qualidades).

Parte 1

Sistema de estresse saudável

FOCO

- Reconhecer o estresse tóxico e cultivar formas mais saudáveis de lidar com desafios.

ESTRATÉGIAS

- Redução de sobrecarga crônica.
- Reestruturação da relação com o estresse.
- Fortalecimento do estresse positivo de adaptação.

1

Fazendo amizade com o estresse

Quando eu era criança, gostava muito de fazer teatro. Participei de inúmeros cursos e me apresentei em uma peça chamada *O sequestro do lobo dançarino*, que percorreu todo o estado de São Paulo. Fui premiada como melhor atriz amadora daquele ano. A cada vez que eu subia nas coxias para iniciar uma apresentação da Menina Putuca, meu coração acelerava, a respiração ficava mais rápida e eu sentia uma onda de energia percorrendo todo o meu corpo. Essa prontidão para a ação e a mente alerta me permitiam improvisar no palco quando algo saía diferente do que havíamos ensaiado.

Você já deve ter se deparado com esse acelerador sendo acionado em você: quando precisou defender seu ponto de vista em uma argumentação, ao fazer um exercício físico, no primeiro dia de um novo emprego ou quando sentiu borboletas no estômago em um encontro romântico. A mesma ativação de recursos é fundamental para que o corpo possa combater uma infecção ou cicatrizar uma ferida.

Essa mobilização de energia, seja para a proteção, seja para o desempenho, é o que a ciência chama de resposta de estresse. Mas, popularmente, falamos que estamos estressados quando nos sentimos tensos, ansiosos, sobrecarregados, exaustos, aflitos, preocupados, irritados, angustiados ou quando estamos nos sentindo no limite. É comum a associação de estresse com vivências emocionais consideradas desconfortáveis.

Se você está lendo este livro, provavelmente já sentiu isso, ou convive com alguém que se sente sob pressão. Não estranhe, vivemos no quarto país mais estressado do mundo.[1]

---

2 em cada 5 brasileiros
se sentem estressados.[1]

Eu costumo brincar que tenho lugar de fala, pois sou uma pessoa bastante estressada. Talvez por isso este tema tenha se tornado um dos meus principais objetos de estudo acadêmico e de investigação pessoal.

Para conviver harmoniosamente com alguém, precisamos desenvolver intimidade. Conhecer seus pontos positivos e também suas dificuldades, saber quando e como nos aproximar. O mesmo vale para o estresse. O primeiro passo para um **Sistema de estresse saudável** é conhecê-lo intimamente, desenvolver amizade com ele.

Quero desfazer essa má impressão do estresse, porque ele, na verdade, é uma reação natural do organismo, uma resposta fisiológica presente em praticamente todas as espécies vivas, que coloca o corpo em ação a fim de nos manter vivos.

Sem estresse não há vida.

Quando passamos por situações que demandam mobilização de energia, como no caso de uma ameaça, a região cerebral chamada amígdala é ativada, estimulando a liberação de neurotransmissores e hormônios que preparam o corpo todo para a ação. Essa reação se dá em dois principais eixos: hipotálamo-hipófise-adrenal (HHA) e simpático-adrenomedular.[2] São chamados de eixos neuroendócrinos, pois incluem a atividade de nervos e glândulas funcionando como botões de volume para o funcionamento de praticamente todos os sistemas do organismo humano.

Se, assim como eu, você se sente atraído pelos mistérios do corpo, vamos dar um mergulho na fisiologia e entender como tudo acontece. Mas antes preciso explicar um pouco do funcionamento do sistema nervoso humano.

Imagine que loucura seria se tivéssemos que, voluntariamente, definir quantos batimentos por minuto o coração dá quando precisamos correr ou com que velocidade o intestino contrai durante a digestão. Não sobraria tempo para mais nada. Por isso a natureza sabiamente desenvolveu o sistema nervoso autônomo, responsável por aquelas atividades que acontecem por conta própria, sem que seja necessário dar comandos conscientes. É ele que define a frequência cardíaca, o ritmo da respiração, a pressão com que o sangue circula e os movimentos feitos pelo sistema digestivo, sem precisarmos pensar sobre isso.

Essa parte do nosso sistema nervoso tem dois ramos. Um acelerador, chamado de sistema nervoso simpático, e um freio, o sistema nervoso parassimpático. Com a percepção do perigo ou de demanda de energia, o primeiro eixo a ser ligado é o simpático-adrenomedular, ou seja, a amígdala cerebral dá um comando para a parte simpática do sistema nervoso autônomo, que por sua vez ativa a região central da glândula adrenal, uma estrutura pequenininha localizada em cima dos rins. Ela, então, libera uma grande quantidade de adrenalina e noradrenalina na corrente sanguínea.

Após alguns minutos de início da resposta de estresse, um segundo eixo é ativado, o HHA. Nele, a região cerebral chamada hipotálamo secreta o hormônio liberador de corticotropina (CRH), que estimula a glândula hipófise a produzir o hormônio adrenocorticotrófico (ACTH). Este, por sua vez, age na periferia da glândula adrenal promovendo a liberação na corrente sanguínea de outro "hormônio do estresse", o cortisol.

Virtualmente todas as células do corpo humano têm receptores para essas três substâncias: adrenalina, noradrenalina e cortisol. Ou seja, todo o nosso organismo está apto a receber essas mensagens, sendo que em alguns lugares o sinal será de ativação, como é o caso do coração e músculos, e em outros sistemas o sinal é de desativação, como no sistema digestivo e reprodutivo.

Gosto muito do apelido popular da reação de estresse – Resposta de Luta ou Fuga. Ele nos oferece uma imagem bem clara do que acontece conosco quando o estresse se instala: nos preparamos para sobreviver lutando com o que nos desafia ou fugindo do que nos ameaça. Você pode imaginar – e com certeza já sentiu – que o coração acelera, a respiração fica mais rápida e curta, os músculos ficam tensos e prontos para a ação. Para isso, o sangue sai da periferia do corpo, deixando mãos e pés frios, e se direciona para o centro. Mais açúcar cai na corrente sanguínea, visto que o corpo acelerado precisa de mais combustível. Isso se dá devido a uma resistência temporária à ação da insulina e aumento da glicogênese, um processo de produção de glicose que acontece dentro de órgãos como o fígado. A mente se torna alerta, as pupilas dilatam e os olhos arregalam um pouquinho, fazendo com que nos tornemos vigilantes com aquilo que nos ameaça.

Um corpo preparado para ação física e uma mente pronta para a reação emocional.

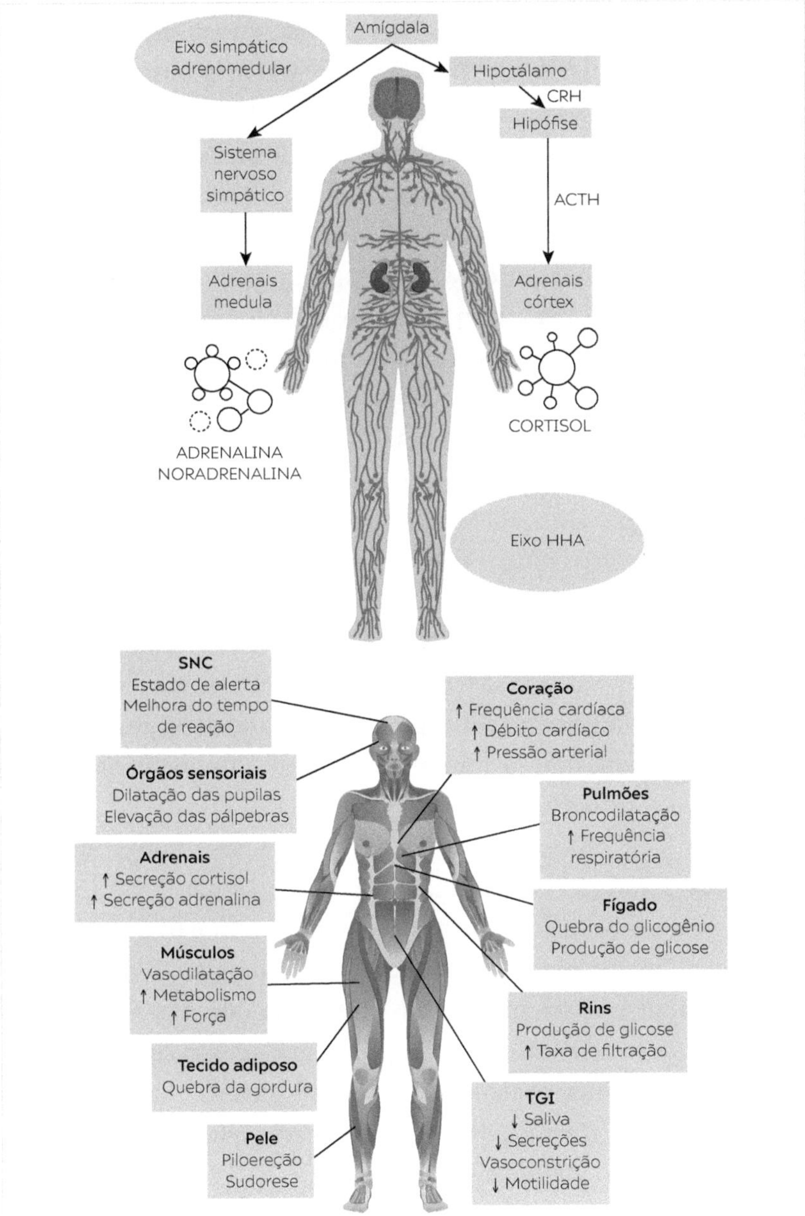

FIGURA 2 Fisiologia da resposta aguda de estresse.

ACTH: hormônio adrenocorticotrófico; CRH: hormônio liberador de corticotropina; HHA: hipotálamo-hipófise-adrenal; SNC: sistema nervoso central; TGI: trato gastrointestinal.

Pode ser que você já tenha ouvido que a resposta de estresse em nossos antepassados era fundamental para fugir de um leão na savana. Lá no passado longínquo em que ela foi desenvolvida e lapidada em nossa espécie, os estressores que nos rondavam eram biológicos: um animal que vinha nos atacar, a necessidade de buscar comida ou de nos defendermos de vírus e bactérias. Para essas situações pontuais, em que o estresse dura alguns minutos ou no máximo poucas horas, não conheço resposta biológica mais adequada!

Mas o "leão" dos nossos dias é um pouco diferente: notificações constantes no celular, sair atrasado para o trabalho e enfrentar trânsito, muitas abas de computador abertas ao mesmo tempo, o acúmulo de boletos para pagar e uma quantidade maior ainda de preocupações para lidar. Os estressores modernos estão muito mais relacionados com os nossos pensamentos. O médico britânico Rangan Chatterjee, do qual sou fã, costuma chamar isso de Microdoses Diárias de Estresse.[3] É um estado de semialerta contínuo. Apesar do mundo moderno, nosso sistema de resposta orgânica não se atualizou na mesma velocidade. Seguimos respondendo aos estressores psíquicos com uma reação fisiológica muito semelhante àquela dada aos estressores biológicos.

Assim, a descarga de energia que era para nos proteger de perigos de curta duração passa a ficar ativada por muitas horas ao longo do dia, por vários dias ao longo da semana. Com isso o organismo gasta suprimentos para se manter em um funcionamento acelerado e faltam recursos para investir em atividades que nos mantenham saudáveis, como o reparo celular e a integridade do sistema de defesa.[4] Esse é um dos mecanismos pelos quais o estresse prolongado nos faz adoecer. Veremos essa dinâmica com mais detalhes ao longo dos próximos capítulos.

Para entender melhor a diferença entre estresse agudo e crônico, imagine que você quer cozinhar um sapo. Se jogá-lo na frigideira quente, ele vai pular. Esse é o estresse agudo, pontual, na maior parte das vezes benéfico para nós. Nos protege de perigos e melhora a *performance* física e mental. Por outro lado, se você colocar o sapo dentro de uma panela de água fria e ligar o fogo bem baixinho, o sapo vai cozinhar sem nem perceber. Isso é o que o estresse crônico faz com a gente. Entra sorrateiro, pervasivo e, sem nos darmos conta, adoecemos.

A grande confusão dos dias atuais é que associamos o termo estresse ao estresse prolongado, este sim causador de muitos problemas para a nossa saúde. Mas, antes de adoecermos de fato, o organismo nos manda uma série de sinais de que o estresse está além da capacidade adequada para o corpo. Eles podem acontecer nas esferas física, emocional, mental e do comportamento, como veremos no capítulo 6.

Uma parcela do problema acontece devido a um superpoder que nossa cabeça tem: fazer viagens mentais no tempo com uma velocidade impressionante! O cérebro humano está em constante movimento, gerando novos pensamentos aproximadamente a cada 10 segundos.[5] Parte desse dinamismo envolve a capacidade de revisitar o passado e antecipar o futuro. Essa habilidade é essencial para o aprendizado, a tomada de decisões, o planejamento e a criação de metas, mas também pode ser um fator de estresse, se não for regulada adequadamente.

Parte do cultivo de um **Sistema de estresse saudável** acontece quando equilibramos a capacidade de refletir sobre o passado e planejar o futuro com uma presença consciente no presente. Assim conseguimos extrair benefícios sem cair nas armadilhas do estresse excessivo e da ruminação (aqueles pensamentos que insistem em voltar, mesmo contra a nossa vontade). Podemos fazer isso através da percepção do corpo, que, ao contrário da mente, está sempre no aqui e no agora. A observação de aspectos físicos pode nos dar dicas valiosas sobre se estamos acumulando o estresse e em quais partes.

Encontrando o estresse

Onde você estiver, apoie seus dois pés no chão, estabelecendo uma base estável, e faça algumas respirações profundas, observando-as. Por alguns momentos perceba as sensações que envolvem o seu corpo: sons, sensações de temperatura na pele, textura da roupa ou da superfície. Se preferir pode fechar os olhos, mas não precisa.

Então leve a atenção para o topo da sua cabeça e vá lentamente percorrendo toda a extensão do seu corpo, movendo-se em direção aos pés e observando os locais em que você carrega mais tensão - face, pescoço, ombros, costas ou qualquer outro lugar que pareça contraído ou sobrecarregado. Desacelere e percorra as partes sem pressa.

Se possível, libere a tensão. Relaxe as mãos, relaxe a mordida, relaxe a respiração.

Uma vez que você "encontrou" o estresse no corpo e liberou a tensão, por mais alguns momentos observe o que se passa na sua mente - preocupação, ruminação, lista de tarefas, expectativas? Se possível, solte esses conteúdos mentais também. Se não for possível, apenas note que eles estão com você, sem fazer uma crítica ou um juízo de valor sobre eles.

Observe novamente sua postura corporal e veja se é possível relaxar mais um pouco. Talvez soltar o peso do corpo no assento e reclinar as costas para um apoio, soltando os ombros e a respiração, sabendo que neste momento você está em um contexto seguro e pode relaxar.

Este é um exercício que pode ser feito algumas vezes ao longo do dia, onde você estiver. Além de ser uma miniprática de presença e relaxamento, também permite que você identifique quais são os seus sinais físicos de estresse.

O período da pandemia de covid-19 foi uma sala de aula para mim. Tanto no que se refere a me perceber estressada quanto a treinar estratégias para lidar melhor com a adversidade. O exercício de encontrar o estresse no corpo esteve muito presente nos meus dias. Notei nessa época que um dos principais sinais de alerta acesos quando estou sobrecarregada, além da tensão nos ombros, é a quantidade enorme de café que consumo. Percebi isso por contraste, quando viajei para a minha quarentena de comemoração dos 40 anos, sobre a qual te contei na introdução deste livro. Após ter me acostumado com os barulhos estranhos do gato no deque, consegui desacelerar e relaxar, deixando o estresse de lado por um tempo. Nesses dias perdi a vontade de tomar uma xícara atrás da outra. Acordava tranquila, passava um primeiro cafezinho com calma, degustava lentamente e era suficiente para o dia todo. Desde então, sempre que me percebo na terceira ou quarta xícara do dia, respiro fundo e investigo o que está me deixando estressada.

Agora que você começou a ganhar intimidade com o estresse, pode iniciar o cultivo de uma relação mais saudável com ele. E é exatamente isso que proponho com a **Abordagem S.E.R.** e os três pilares que considero mais importantes para lidar com uma vida corrida: **Sistema de estresse saudável**, **Estímulo ao descanso profundo** e os **Recursos de adaptação.**

No primeiro pilar, reconhecer quais são os sinais de que a pressão está batendo na sua porta é um aprendizado valioso para entender quando você precisa desacelerar. Mas, além de saber como o estresse se apresenta para você, é fundamental também saber o que te sobrecarrega. É isso que vamos ver no próximo capítulo.

2

O estresse não é a nossa SINA

É fácil aceitar que ficamos estressados quando algo muito significativo acontece em nossa vida: a perda de um ente querido, um processo de divórcio, desemprego ou situações de vulnerabilidade social. Desde a década de 1960 já sabemos que esses eventos estão associados a um maior risco de adoecimento secundário ao estresse.[1]

Mas quando olhamos para situações corriqueiras, que povoam nosso cotidiano, fica mais difícil entender. Por que será que o trânsito me deixa com a mordida apertada, os ombros tensos e a cabeça acelerada, praguejando mau humor?

O primeiro contato que tive com a resposta de estresse foi através de um conceito que a princípio me pareceu ótimo, mas depois me deixou desconfiada: o estresse acontece quando nos sentimos ameaçados. De fato, se um animal nos ataca na floresta existe um perigo. Se moro em uma região que pode deslizar com uma chuva mais intensa, também há um risco físico iminente.

Em um aspecto mais sutil, você pode sentir a sua personalidade ameaçada quando está em uma conversa casual entre amigos e alguém discorda fortemente da sua opinião em um assunto que é importante para você. Isso pode gerar a sensação de que sua identidade ou inteligência está sendo questionada. Outro exemplo de ameaça ao ego é uma avaliação negativa ou um comentário crítico de um colega de trabalho sobre algo que fizemos, o que pode ativar um sentimento de inadequação ou incompetência.

Apesar de entender muito bem essas ameaças e as respostas biológicas que colocam o corpo em ação e a mente alerta, eu sentia que ainda faltava algo. Foi estudando sobre os impactos do estresse em pessoas que sofrem com dor crônica que me deparei com um acrônimo[2] que fez tudo ficar claro como a luz de um amanhecer ensolarado! Quebrei a cabeça, fiz alguns ajustes, até que saiu uma boa adaptação para o português: SINA!

Existem 4 características que tornam uma situação estressante. Elas podem aparecer sozinhas ou nas mais diversas combinações:

Senso de baixo controle
Incerteza
Novidade
Ameaça

No meu caso, quando estou no trânsito tenho a clara sensação de que não controlo nada à minha frente e dificilmente consigo ter certeza de que horas eu chegarei ao meu destino, mesmo tendo me programado para sair com tempo suficiente. Essas são as raízes do meu estresse quando estou no carro.

Há algum tempo uma paciente me procurou porque queria viver menos estressada. Ao longo da consulta ela me contou que seu dia começava por volta das 6 horas da manhã, preparando o lanche dos filhos, seguia com a arrumação das crianças, levava para a escola. Ia para a casa dos pais idosos a fim de ajudar a mãe a cuidar do pai, que há alguns anos estava acamado. Buscava os filhos no final da manhã e trabalhava remotamente no período da tarde, em meio à gritaria e à lição dos meninos. Além dessas demandas, cuidava da casa e da parte administrativa da empresa do marido. Sua agenda era tão apertada que qualquer imprevisto a forçava a refazer toda a organização. A falta de controle sobre a própria agenda era um dos principais motivos de um sono de péssima qualidade e uma constante percepção de ansiedade desta paciente.

Demandas excessivas, prazos apertados, listas infindáveis de afazeres, mudanças inesperadas de planos são todos fatores que nos fazem ter a sensação de que temos pouco (ou nenhum) controle sobre o tempo ou a circunstância. E, de fato, há situações sobre as quais não temos muita gerência mesmo. É o que acontece com boa parte das pessoas que acompanho ao longo de um tratamento de câncer. Não é possível controlar de forma voluntária a evolução da doença ou a resposta ao tratamento, e com isso o cérebro enlouquece de instabilidade.

Temos dois antídotos para a sensação de baixo controle. O primeiro deles é ser capaz de reconhecer quais estressores eu posso mudar e quais eu não posso. O segundo é focar as pequenas coisas do dia sobre as quais tenho influência mesmo quando não tenho o poder de mudar situações importantes. Durante a pandemia de covid muitas coisas, ou quase todas, nós não conseguíamos controlar. Mas havia algo que eu podia fazer e que me ajudou a seguir o mais sã possível: ter uma rotina matinal. Acordar no mesmo horário, escovar os dentes, tomar uma xícara de café, fazer um alongamento e minha prática de meditação. Todos os dias. Esse pequeno momento de repetição diária me oferecia a sensação de previsibilidade.

Não há nada mais tranquilizante para o cérebro humano do que a sensação de familiaridade. Isso porque nossa mente funciona como uma máquina de previsões, constantemente fazendo pequenas apostas sobre o que acontecerá a seguir a fim de preparar o corpo para lidar com os estímulos do ambiente. Essas previsões são baseadas em nossas experiências prévias, modo de ver o mundo e contexto em que vivemos, moldando a forma como percebemos a realidade.[3] Para essa máquina de previsão, quanto mais conhecida for uma situação, maior a sensação de segurança que ela promove. É por isso que a incerteza e a imprevisibilidade são componentes muito importantes na geração de estresse.

Perceba que incerteza e senso de baixo controle são coisas diferentes. Imagine que você está em um avião prestes a pousar durante uma tempestade. Pela janela, você vê os relâmpagos cortando o céu e sente as turbulências sacudindo a aeronave. Você tem certeza absoluta de que está dentro de um avião, de que o piloto e a tripulação estão treinados para lidar com esse tipo de situação e de que, estatisticamente, aviões são extremamente seguros. No entanto, ao mesmo tempo, a sensação de controle é mínima: você não pode pilotar o avião, não pode influenciar o clima e não tem nenhuma ação direta que possa mudar o desfecho do voo. Essa combinação de certeza sobre a realidade e falta de controle sobre o que está acontecendo pode gerar ansiedade, especialmente se seu cérebro interpretar a situação como potencialmente perigosa, mesmo sem evidências concretas de que há um risco real.

Bebês pequenos são uma grande escola sobre imprevisibilidade e descontrole. Você está em casa com um bebê de 6 meses e ele começa a chorar do nada, mesmo tendo mamado, dormido e estando com a fralda limpa. Você não sabe o motivo – pode ser dor, tédio, sono... Isso é imprevisível. Você não consegue antecipar quando vai acontecer nem exatamente por quê. Mesmo depois de identificar que o bebê está chorando por sono, ele só dorme no colo, após muito embalo, e não aceita outro cuidador. Você sabe o que está acontecendo, mas tem *baixo controle* sobre a solução – não consegue simplesmente colocá-lo no berço e esperar que adormeça sozinho. Ou seja, imprevisível é aquilo que te pega de surpresa e baixo controle é quando você sabe o que está acontecendo, mas não consegue mudar porque não depende apenas de você.

Dos componentes da SINA que tornam uma situação estressante, já vimos a sensação de baixo controle, a incerteza e a ameaça. Agora quero te contar um pouco sobre como as novidades podem desencadear o estresse. Comecei este livro te ensinando que o estresse é um mecanismo de proteção, que garante a nossa sobrevivência – embora muitos de nós estejamos vivendo com um sistema de estresse disfuncional. Imagine que você chegou ao seu local de trabalho e uma pessoa estranha estava sentada na sua mesa. Quem será? O que essa pessoa quer aqui? Será que vou ser demitido? Quando nos deparamos com algo novo, uma pessoa, um objeto, uma situação, ou até mesmo uma emoção, o cérebro fica em estado de alerta até que tenha certeza de que não há risco nenhum. Ele comunica ao corpo para ficar em prontidão para a ação, e, quando nos certificamos de que não há perigo ou quando a novidade se torna familiar, desligamos esse estado de vigilância.

Identificar quais os elementos da SINA estão presentes em cada situação nos ajuda a ter ações mais efetivas para cultivar um **Sistema de estresse saudável** nos diferentes contextos. Se a fonte do meu estresse é por sensação de baixo controle, buscarei identificar quais pequenas ações posso controlar. Por outro lado, se o motivo do desconforto é a novidade, posso buscar me familiarizar com aquilo que não conheço.

Bateria de energia

Este exercício vai te ajudar a identificar quais são os seus fatores de estresse atuais. Minha sugestão é que você o faça escrevendo e não apenas pensando. Isso porque, ao escrever, temos mais tempo para refletir sobre o que se passa dentro da nossa mente.

(continua)

(continuação)

Então, papel e caneta em mãos e vamos começar:

1. Faça uma lista de todas as situações que te deixam estressado. Em geral, são as situações que nos causam sensação de tensão, cansaço, esgotamento. Coloque na lista todas aquelas situações que você sente que acabam com a sua bateria, que te deixam sem energia!

2. Olhando para a lista, procure identificar quais elementos da SINA estão presentes em cada situação. Pode ser um único elemento ou uma combinação deles. Isso ajuda a criar consciência sobre o que desencadeia estresse em cada uma dessas ocasiões e assim fica mais fácil encontrar soluções.

Senso de baixo controle

Incerteza

Novidade

Ameaça (também ao ego)

3. Analisando a lista, vamos dividi-la em 3 categorias:

- Faça um X naquelas situações que você pode resolver imediatamente, deixar de fazer ou eliminar da sua rotina.
- Faça um quadrado nas situações sobre as quais você pode ter alguma ação imediata. Observe se é possível delegar essas ações, ou quais pequenas atividades você pode fazer hoje mesmo para encaminhá-las.
- Faça um círculo nas situações sobre as quais você tem pouco ou nenhum controle. Algumas vezes precisamos lidar com circunstâncias desafiadoras ou desagradáveis. Sabendo o que nos gera tensão, podemos nos preparar para passar por elas de forma mais tranquila. Por exemplo, se você precisa ter uma conversa difícil com alguém, pode se programar para ter uma boa noite de sono, estar descansado no momento da conversa e fazer alguns exercícios de respiração antes de iniciar o assunto.

Os motivos que geram estado de alerta e reação emocional mudam ao longo da vida. Repetir de tempos em tempos este exercício nos ajuda a cultivar consciência sobre o que nos estressa e buscar os melhores caminhos para nos adaptarmos.

"Não é o estresse que mata, e sim a forma como reagimos a ele." Essa frase é atribuída ao médico e pesquisador Hans Selye, um dos grandes cientistas a estudar com mais profundidade os efeitos do estresse no funcionamento do corpo humano. O que está por trás desse pensamento é o conceito de percepção: não são as situações em si que nos estressam, mas sim a maneira como as interpretamos que faz toda a diferença.

No meu dia a dia de consultório, convivo com pessoas que recebem o diagnóstico da mesma doença. Algumas olham para a situação com medo, desesperança e uma sensação iminente de perigo. Outras, por sua vez, buscam estratégias para lidar com o tratamento e formas de se adaptar a um novo momento da vida. É o mesmo contexto, com respostas muito diversas, e quero te contar o impacto dessas diferentes percepções na biologia do corpo. Porque, afinal de contas, os efeitos negativos do estresse não precisam ser a nossa SINA.

3

Encontrando os estímulos adequados

O estresse não está necessariamente na situação em si, mas na maneira como a interpretamos. Aprendi isso de forma bem prática durante a quarentena da pandemia de covid-19, com uma atividade que pode parecer banal para a maioria das pessoas, mas que, para mim, foi um baita desgaste.

Nunca fui uma excepcional dona de casa. Quando morei sozinha pela primeira vez, na faculdade, com frequência ligava para minha avó Alda pedindo ajuda para fazer ovo frito, entender como funcionava a máquina de lavar roupa ou aprender a melhor forma de limpar o banheiro. Com os anos fui ganhando certa autonomia, mas assim que as finanças permitiram eu contratei uma pessoa para me ajudar com os afazeres domésticos. O cuidado da casa não foi uma área em que me desenvolvi muito.

Por outro lado, nos anos de graduação e ao longo da residência médica, entre um macarrão instantâneo e um varal de toalhas cheirosas, aprendi a cuidar de pessoas com doenças graves e a fazer procedimentos invasivos, como inserir um cano plástico que entra por uma veia no pescoço e vai até bem pertinho do coração. Tive um extenso treinamento e inúmeras oportunidades de colocar essas habilidades em prática. A partir de um certo momento da minha carreira optei por deixar de estar nos hospitais e passei a atuar apenas no consultório, atendendo pessoas com demandas menos urgentes.

Em 2020, quando começou a pandemia, fazia muito tempo que eu não passava visita em pessoas internadas ou casos mais críticos. No entanto, por questões operacionais do meu local de trabalho, precisei retomar essa rotina. Embora estivéssemos em um período de incerteza, sem entender completamente o novo vírus e seus impactos, eu me sentia preparada. Sabia que era capaz de cuidar de um paciente grave, realizar procedimentos como intubação, inserção de cateteres e tratamento de choque séptico. Tinha confiança nas minhas habilidades e na minha capacidade de lidar com aquela situação.

Mas me vi sozinha com as responsabilidades pela organização da casa. Tive que limpar, lavar roupa, fazer compras, organizar a despensa e planejar todas as refeições da semana. Para muitos, isso pode parecer algo simples. Para mim, era um grande desafio. Eu não tinha familiaridade com essas tarefas e não me sentia habilidosa para executá-las da melhor forma. Curiosamente, cuidar da casa me causou muito mais estresse do que retornar ao hospital para atender pacientes graves.

Essa experiência deixa claro que o que é desafiador para uma pessoa pode ser trivial para outra – tudo depende da nossa percepção e do repertório que temos para lidar com algo. Isso é moldado pela nossa genética, experiências vividas, pelos grandes eventos da vida, mas também pelos pequenos eventos diários, como a qualidade do sono na noite anterior e a sensação de fome ou saciedade.

A resposta de estresse depende do equilíbrio entre demandas e recursos. As demandas incluem fatores como incerteza, perigo, esforço, novidade, situações que exigem adaptação. Podem ser, por exemplo, oportunidades profissionais, problemas de saúde, dificuldades emocionais, ou cuidar da rotina de uma casa, como no meu caso. Os recursos, por outro lado, são os elementos que nos ajudam a lidar com essas demandas, como conhecimento, habilidades adquiridas, sensação de familiaridade, suporte social e segurança.

Gosto de pensar em demandas e recursos a partir de três esferas principais: corpo, mente e conexões. A esfera da biologia inclui demandas e recursos relacionados ao nosso corpo e ambiente. Dormir com qualidade, alimentação nutritiva e um ambiente com temperatura acolhedora são exemplos de recursos biológicos adequados. Por outro lado, quando estamos privados de sono, com uma alimentação ruim e em um ambiente físico hostil, como em extremos de temperatura, as demandas biológicas superam os recursos, tornando mais difícil termos uma resposta adequada quando algo inesperado nos acontece.

Recursos psíquicos e emocionais são habilidades que fortalecem nossa maturidade emocional e nos oferecem uma nova perspectiva sobre a vida. Podemos cultivá-los por meio da terapia, escrita terapêutica, atividades artísticas e práticas contemplativas, como meditação. Por outro lado, uma condição emocional frágil pode dificultar esse processo. Problemas familiares, desafios na saúde mental ou a falta de suporte podem tornar mais difícil encontrar esses recursos para enfrentar os desafios do dia a dia.

A terceira esfera, a do pertencimento, inclui conexões sociais e espirituais. Podemos ter relacionamentos que são recursos de apoio valiosos nos momentos de dificuldade, porém algumas relações trazem apenas demandas que nos desgastam física e emocionalmente. O cultivo da espiritualidade também pode ser um recurso significativo em momentos de grande adversidade para os quais não nos sentimos preparados.

Quando percebemos que temos mais recursos do que demandas, encaramos a situação como um desafio ou uma oportunidade de desenvolvimento e tornamos o **Sistema de estresse saudável**. Quando as demandas parecem superiores, sentimos ameaça e vulnerabilidade. Essa mudança de percepção pode parecer pequena, mas faz uma incrível diferença na fisiologia da resposta de estresse.

Já te ensinei que a resposta de estresse funciona basicamente com dois motores. O primeiro é o eixo simpático-adrenomedular, que é tipo um piloto automático do nosso corpo. Ele libera adrenalina e noradrenalina, nos deixando em alerta máximo. O segundo motor é o eixo hipotálamo-hipófise-adrenal (HHA), responsável por liberar o cortisol na corrente sanguínea.

Esses dois motores não funcionam sempre na mesma potência. Dependendo de como a gente encara a situação, um deles pode acelerar mais que o outro. Se vemos um desafio ou uma oportunidade pela frente, como uma apresentação de trabalho importante ou um animal que está caçando outro para se alimentar, o eixo simpático entra em ação com tudo, liberando adrenalina e nos dando aquela energia extra para brilhar. Mas se nos sentimos ameaçados, como um animalzinho acuado, o eixo HHA também entra na jogada, liberando cortisol e nos preparando para o pior.

E é aí que a coisa muda. Na resposta ao estresse voltada para a ameaça, há muita adrenalina e cortisol circulando, o coração fica mais acelerado, mas bombeando menos sangue devido ao aumento da resistência dos vasos sanguíneos. A cabeça fica nas nuvens, com dificuldade de concentração, e temos vontade de fugir e nos esconder. O retorno ao equilíbrio corporal é mais lento devido ao aumento do cortisol.

Por outro lado, quando enxergamos a situação como uma oportunidade ou nos sentimos desafiados, há muita adrenalina e pouco cortisol. O coração acelerado bombeia o sangue com força total, pois os vasos sanguíneos estão menos resistentes. O cérebro funciona a mil, pronto para resolver qualquer problema, e ficamos com vontade de enfrentar o desafio e aprender com ele.[1]

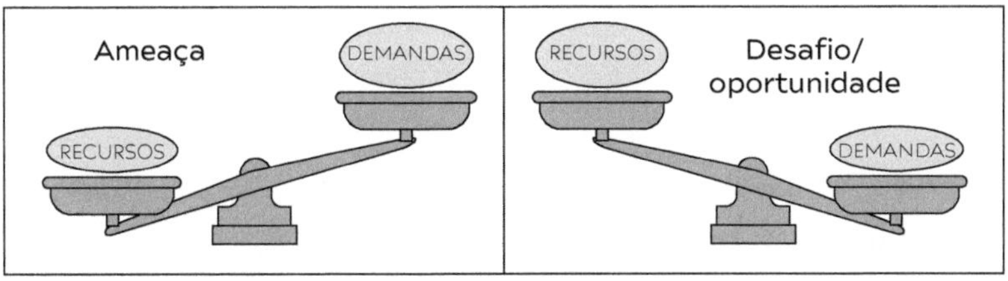

FIGURA 3 Demandas × recursos – o equilíbrio que define nossa resposta ao estresse

QUADRO 1 Os dois lados da resposta ao estresse – ameaça × desafio

	Ameaça	Desafio
Ativação do SNS	+	++
Adrenalina/noradrenalina	++	++
Ativação do HHA	++	–/+
Cortisol	++	–/+
Débito cardíaco	↓	↑
Resistência vascular periférica	↑	↓
Retorno à homeostase	Lento	Rápido
Motivação	Evitação	Aproximação
Performance cognitiva	Debilitada	Facilitada

HHA: eixo hipotálamo-hipófise-adrenal; SNS: sistema nervoso simpático.

A forma como nosso corpo reage ao estresse muda quando alteramos nossa percepção das situações, transformando ameaças em oportunidades. Essa mudança de perspectiva permite uma melhor adaptação. A reavaliação cognitiva envolve analisar demandas e recursos, buscando entender como o corpo se prepara para responder de forma mais funcional.

Pense na ansiedade ao falar em público, com o coração acelerado. Ao invés de ser interpretada como algo ruim, pode ser vista como um sinal de que o corpo está enviando mais sangue e oxigênio para o cérebro, otimizando o desempenho. Além disso, buscar recursos adicionais, como conhecimento ou apoio social, pode transformar uma situação ameaçadora em um desafio. Ter alguém conhecido na plateia, por exemplo, oferece suporte e muda a percepção da situação.

Algumas pesquisas já mostraram que podemos treinar esse olhar. Em uma delas, participantes foram divididos em três grupos: um grupo-controle, que não recebeu nenhuma orientação; um grupo de distração, que foi orientado a desviar o foco do estresse; e um grupo de reavaliação cognitiva, que aprendeu a reconhecer o estresse como um recurso positivo para o desempenho.[2]

Após serem submetidos a um teste de estresse, os resultados revelaram que o grupo de reavaliação cognitiva apresentou um débito cardíaco significativamente maior. Isso indica que esses indivíduos foram capazes de utilizar a resposta fisiológica do estresse a seu favor, transformando-a em um impulso para lidar com a situação de forma mais eficaz.

Reestruturação cognitiva também significa usar o estresse como ferramenta, enfrentando ativamente situações inevitáveis. É um exercício de criatividade, buscando oportunidades em meio às dificuldades.

Durante um período significativo, mantive um vínculo profissional com uma instituição que me proporcionava a segurança de uma remuneração fixa. Em um contexto no qual minha renda flutua conforme a demanda de pacientes e alunos, esse emprego representava um ponto de estabilidade financeira para mim.

Até que um dia fui informada sobre uma reestruturação que me afastaria dessa função. A notícia, como você pode imaginar, provocou um impacto considerável no meu bolso e fiquei apreensiva.

Como qualquer pessoa, a primeira reação foi vislumbrar cenários de incerteza. Mas, após o susto inicial, procurei reavaliar a situação. Lembrei-me de um projeto que havia tempos desejava desenvolver e que, por falta de tempo, nunca tinha conseguido colocar em prática. A mudança repentina abriu a oportunidade de me dedicar a essa iniciativa, transformando um obstáculo em uma chance de crescimento profissional. Essa experiência ilustra o conceito de reavaliação cognitiva, que consiste em buscar aprendizado e oportunidades em situações adversas.

Essa reinterpretação não significa ver o mundo de forma idealizada, mas sim aprender e crescer em todo contexto. É uma habilidade desenvolvida com a prática e exige um olhar pontual e específico para cada situação. Além desse olhar mais específico, devemos levar em conta também a forma geral como naturalmente interpretamos o estresse, ou seja, como cada um o percebe de forma mais ampla (e não apenas em uma determinada situação). Algumas pessoas têm uma perspectiva de que estresse é algo debilitante, outras de que pode ser benéfico, e isso também influencia a maneira como o corpo responde.

A visão do estresse como algo positivo é uma característica que admiro muito no meu amigo Henrique. Ele me convidou para ministrar três aulas em uma disciplina que ele coordena em um curso de graduação. Aceitei o convite feliz da vida, mas logo depois eventos inesperados alteraram drasticamente minha rotina, exigindo uma reavaliação completa de minhas prioridades e uma reorganização do meu tempo.

Sabendo que o Henrique também estava com a agenda sobrecarregada, porque além de ser médico ele é pai de uma criança pequena, fiquei um pouco sem jeito de falar que eu não conseguiria mais dar as aulas. Imaginei que iria adicionar mais um fator de estresse à sua vida. Para minha surpresa, sua resposta foi de imediato acolhimento. Ele observou que a demanda por atendimento a pacientes com queixas relacionadas ao estresse havia aumentado consideravelmente, e que, no fim, ministrar ele mesmo as aulas sobre esse tema seria uma oportunidade de revisá-lo e aprimorar sua prática clínica.

Essa visão que reenquadra o estresse como algo positivo pode ser desenvolvida e traz benefícios como maior satisfação com a vida e redução de sintomas de ansiedade e depressão.[3] Treinar essa percepção de mundo é uma forma de tornar o **Sistema de estresse saudável**. Envolve reconhecer seus gatilhos e as próprias reações, aceitar a situação e a energia gerada pelo estresse e buscar o que é importante por trás da situação. Ao invés de focar no problema, focamos na energia para resolvê-lo.

A aceitação também passa por entender que o estresse surge de algo que, no fundo, é importante para nós. Uma pessoa que se sente estressada com um desentendimento com um amigo pode estar, na verdade, demonstrando o quanto essa amizade é significativa. O estresse, nesse caso, surge do medo de perder a conexão com alguém importante. Ao reconhecer esse valor, o estresse se torna um motor para alcançar objetivos. A situação estressante pode ser vista como uma oportunidade de aprendizado e crescimento pessoal, como a ostra que transforma um grão de areia em pérola.

Todas essas estratégias de reavaliação são possíveis pois o cérebro é composto predominantemente por circuitos cerebrais que funcionam como trilhas na mata. Quanto mais utilizamos um caminho, mais fortalecido ele fica. Isso é o que podemos chamar de neuroplasticidade: ao repetir um comportamento com frequência, torna-se mais rápido ligar as vias cerebrais envolvidas nessa ação. O mesmo vale para os pensamentos e para as emoções.

Quanto mais estressados estamos, mais fácil se estressar. Porém, quanto mais treinamos o olhar de adaptação, mais fácil fica para enxergarmos os aspectos positivos de cada desafio.

No próximo capítulo vou te contar com mais detalhes sobre o funcionamento cerebral em momentos de estresse ou de adaptação. Antes, quero te convidar a praticar um exercício simples, porém poderoso, para treinar seu cérebro a perceber determinadas situações de ameaça como oportunidades.

Em algum momento você deve ter notado que tendemos a focar mais as coisas que dão errado ou que não são boas, não é mesmo? Esse é um recurso de proteção do nosso cérebro, mas não precisamos dele a todo minuto. Então, quando treinamos trazer a atenção para aquilo que apreciamos, permitimos que perspectivas mais adaptativas se instalem em nosso cérebro. Com isso, aumentamos a sensação de bem-estar emocional, psicológico e social.[4]

Você provavelmente já ouviu falar em diário de gratidão, mas a proposta aqui é um pouco diferente. A gratidão, no sentido mais comum, costuma estar ligada à ideia de reconhecer algo maior do que nós, algo que transcende e pelo qual somos gratos. No entanto, em momentos de estresse intenso ou prolongado, nosso cérebro entra em um modo de sobrevivência que dificulta esse tipo de conexão.

Por outro lado, sempre é possível apreciar algo do seu dia, uma coisa simples, mas que tenha sido valiosa para você. Pode ser o aroma do café recém-passado (para os apaixonados, como eu), o sorriso de alguém querido ou até um gesto de gentileza inesperado.

Quando praticamos diariamente o exercício de apreciação, em duas semanas já é possível se perceber menos estressado.[5] É possível também se sentir mais feliz e menos deprimido.[6]

Como você pode ver, a forma como interpretamos uma situação tem o poder de alterar a biologia do nosso corpo. Cuidar da casa pode ser visto como um fardo ou como um prazer. Atender um paciente grave pode gerar uma sensação de realização ou, ao contrário, de desespero. Essa percepção está profundamente ligada às experiências que já vivemos e à nossa avaliação interna sobre o quanto nos sentimos capazes de lidar com o que está acontecendo.

Farol interno

O objetivo desta prática é nos ajudar a perceber com mais clareza as sutilezas que facilmente passam despercebidas ao longo do dia. Ao treinar um olhar de apreciação para pequenos momentos e ao registrar atitudes positivas que tivemos, tornamos o cérebro mais apto a reconhecer essas situações ao longo da vida enquanto elas acontecem. Assim, abrimo-nos para uma perspectiva mais realista e positiva dos acontecimentos.

- **Três coisas que apreciei:**

Pare por alguns momentos para refletir. Pode ser interessante fazer este exercício logo antes de dormir, assim você entra no sono em um estado mais relaxado.

Relembre três situações que aconteceram no seu dia e que você apreciou.

Escreva com a maior quantidade de detalhes possível.

Mantenha essa lembrança da apreciação, até que você realmente sinta a emoção que vem com ela. Veja se é possível sustentar essa sensação por cerca de 30 segundos ou mais.

- **Três coisas boas que fiz:**

Agora lembre de três coisas que você fez ao longo do dia e que foram úteis para outras pessoas. Parte da nossa motivação vem de perceber o que somos capazes de fazer pelos outros. Esta é uma boa maneira de nos motivarmos a contribuir mais para um mundo melhor.[7]

Você também pode fazer este exercício compartilhando as suas apreciações com familiares ou amigos.

Quando percebemos que as demandas superam os nossos recursos, sentimos uma ameaça. Nesse contexto, o corpo ativa uma resposta de estresse marcada pela liberação intensa de cortisol, além da adrenalina. Isso nos leva a evitar a situação e dificulta nossa recuperação física e emocional.

Por outro lado, quando sentimos que temos mais recursos do que demandas, interpretamos o desafio como uma oportunidade. Nesse caso, liberamos mais adrenalina do que cortisol, o que nos estimula mentalmente, nos aproxima da situação e permite uma recuperação mais rápida ao nosso estado de equilíbrio corporal.

Há tantos anos trabalhando com gerenciamento do estresse, acho engraçado quando alguém me pergunta se eu tenho momentos de desequilíbrio. É claro que tenho! Aliviar o estresse não quer dizer abolir situações estressantes dos nossos dias. Nem sempre podemos reduzir as demandas que a vida nos coloca, mas com frequência é possível desenvolver recursos que nos permitam lidar melhor com elas. Essa é uma excelente forma de tornar o nosso **Sistema de estresse mais saudável** e aumentar nossa capacidade de apreciar a vida.

4

Alimentar o lobo correto

Ouvir histórias é algo que me alegra, e sinto ser um jeito fácil de guardar conceitos importantes. Então quero te contar uma, para você aprender sobre as duas linguagens do nosso cérebro.

Dizem que, há muito tempo, um garotinho e seu avô estavam sentados ao redor de uma fogueira após uma crise de fúria do menino. O senhor, então, contou para o garoto: "Sabe, querido, dentro de mim existem dois lobos. Um deles é cheio de raiva, medo, inveja e desesperança. Já o outro é bondoso, alegre, sereno e está sempre em busca da compaixão e do perdão. Eles estão em uma batalha constante dentro de mim, dentro de todos nós". O neto olhou curioso e perguntou qual dos dois vencia a luta, ao que o avô respondeu: "Aquele que você alimenta".

Quem me contou essa história foi a Peg Baim, uma enfermeira de olhar doce, sorriso acolhedor e que há 30 anos foi uma das idealizadoras de um programa de alívio do estresse e treino da resiliência. Quero te ensinar o que eu aprendi com ela durante a mentoria que fiz quando me certifiquei nesse programa, o SMART-3RP (*Stress Management and Resilience Training*), na escola de medicina de Harvard. Você vai entender o que isso tem a ver com os dois lobos, que também habitam dentro de mim e de você.

De maneira bem simplificada, nosso cérebro sabe falar duas linguagens, a do estresse e a da adaptação. Te apresento agora algumas áreas que atuam nessas funções.

O **córtex pré-frontal** é uma região bastante complexa e especializada, que fica entre a testa e a parte do meio do cérebro. Sua região mais lateral, chamada dorsolateral, está relacionada à atenção, ao raciocínio e ao planejamento das nossas ações; já a inferior direita contribui para inibir reações impulsivas. A esquerda está relacionada com a linguagem. A parte ventromedial, localizada mais ao centro, se conecta com áreas profundas do cérebro, ligadas às emoções e aos hábitos, ajudando a regulá-los com mais equilíbrio. Por fim, a área dorsomedial atua como uma espécie de supervisora interna, monitorando erros e avaliando se aquilo que percebemos faz sentido diante da realidade.

Resumindo, o córtex pré-frontal é como um centro de decisões calmo e reflexivo – é nele que acontece o raciocínio complexo, cognição social, tomada de decisões e avaliação crítica das informações. Ele nos ajuda a regular a atenção, planejar, organizar, avaliar opções e refletir antes de agir. É nessa região, logo atrás da testa, que acontece um processo chamado metacognição: a habilidade de pensar sobre o próprio pensamento.

A **amígdala**, por sua vez, é nossa sentinela emocional: detecta ameaças e prepara o corpo para reagir, antes mesmo de percebermos conscientemente. Já o **córtex cingulado anterior** participa do equilíbrio entre razão e emoção, ajudando na comunicação entre o córtex pré-frontal e a amígdala cerebral, sendo um regulador da percepção das emoções e do corpo (vísceras).[1] Uma outra região cerebral importante é a **ínsula**, funciona como um radar interno: percebe batimentos cardíacos, respiração, fome, sede e traduz isso tudo em sensações e sentimentos. Essas três estruturas fazem parte do **sistema límbico**, responsável por regular emoções, memórias e vínculos afetivos. Essa rede integrada de estruturas corticais e subcorticais permitem o processamento emocional refinado, autorregulação, empatia, tomada de decisão social, percepção dos estados corporais.

A linguagem do estresse é conhecida em inglês como *bottom-up*, ou seja, de baixo para cima. Isso se deve ao fato de que quando estamos estressados funcionamos predominantemente sob o comando da amígdala cerebral e outras estruturas límbicas que anatomicamente estão localizadas na parte mais baixa do cérebro, como você pode ver na Figura 4. Aqui vou chamar esse modo *bottom-up* de **cérebro reativo**, por ser a reação mais primitiva de sobrevivência que desenvolvemos. Sua ativação acontece de forma muito rápida e automática e nos leva a um modo impulsivo de agir.

A outra linguagem cerebral é a da adaptação, chamada de *top-down*. Quando estamos nos sentindo seguros ou capazes de lidar com os desafios, a região do córtex pré-frontal é que assume a coordenação do sistema, e essa área está mais para cima na anatomia do cérebro. Vou chamar esse modo de funcionamento de **cérebro adaptativo**, pois é uma resposta mais elaborada e complexa perante os desafios. Um processo cerebral de funcionamento um pouco mais lento, porém que nos ajuda a pensar com clareza, regular emoções e tomar decisões sensatas.[2]

Em momentos de segurança e calma, o cérebro adaptativo nos ajuda a focar o que é mais relevante, como quando escolhemos nos concentrar em uma conversa delicada com um amigo querido mesmo com barulho ao redor. Já sob estresse, nossa atenção é capturada automaticamente por estímulos chamativos, como sons altos, imagens brilhantes ou qualquer coisa que pareça uma ameaça. Além disso, o cérebro reativo nos faz agir por hábito, em vez de analisar a melhor decisão a ser tomada.

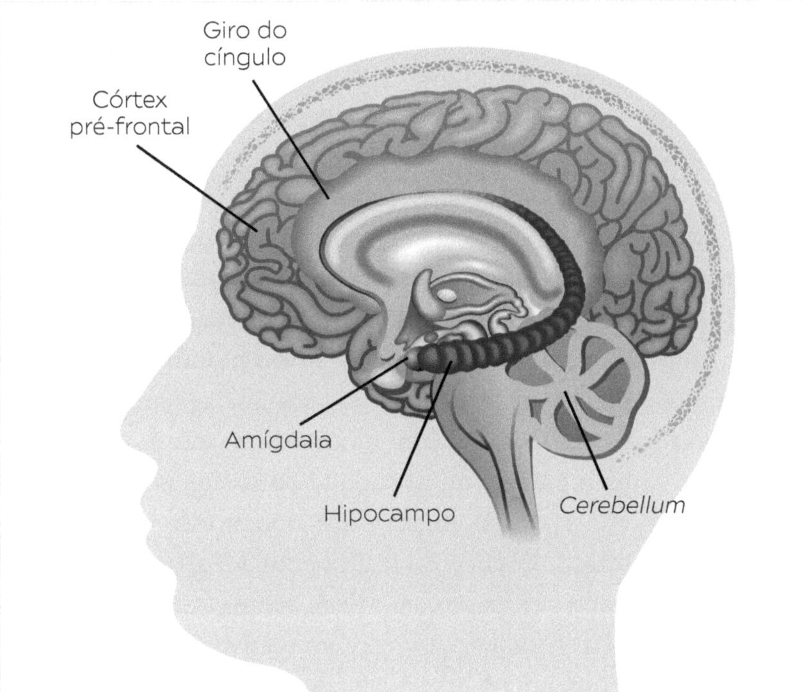

FIGURA 4 Anatomia cerebral

Ou seja, quando estamos sob pressão, nossa resposta mental passa de um modo de adaptação e planejamento (*cérebro adaptativo*), coordenado pelo córtex pré-frontal, para outro mais impulsivo e reacional (*cérebro reativo*), comandado pela amígdala. Isso explica por que, em momentos de estresse incontrolável, podemos reagir sem pensar ou sentir dificuldade em manter o foco e tomar boas decisões.[3]

Além de impulsivo, temos um modo mais pessimista de perceber a vida quando estamos sendo conduzidos pelo estresse. Algumas características em comum desse olhar foram descritas por Martin Seligman, um dos primeiros psicólogos que se dedicou a estudar o que faz com que as pessoas floresçam na vida. Ele descreveu os **3 Ps do Pessimismo**: personalização, permeabilidade e permanência.[4] A **personalização** é a tendência a internalizar a culpa por eventos negativos, atribuindo-os a si mesmo, o que pode levar a sentimentos de impotência e autoimagem negativa. A **permeabilidade** é a impressão de que um acontecimento negativo vai afetar todos os setores da nossa vida da mesma forma. E a **permanência** é a sensação de que a situação vai durar para sempre. Essas percepções predominam quando o cérebro reativo está coordenando o funcionamento de corpo e mente. Essa é a linguagem do estresse.

Em situações estressantes, altos níveis de noradrenalina e dopamina são liberados no cérebro. Essas substâncias reduzem as conexões do córtex pré-frontal, diminuindo o bom senso, a regulação da atenção e prejudicando a capacidade de tomar boas decisões. Ao mesmo tempo elas aumentam o funcionamento da amígdala e do sistema límbico, levando a reações emocionais automáticas e hábitos inconscientes.[5] Quanto mais persistente é o estresse, mais o cérebro adaptativo enfraquece e o cérebro reativo se fortalece.

Situações de ameaça ou estresse incontrolável comumente vêm recheadas de pensamentos que surgem sem que a gente perceba. Esses pensamentos automáticos negativos podem ser sinais úteis, atalhos que nos colocam em busca de uma resposta rápida para nos adaptarmos a uma situação nova. Porém, também podem nos levar a distorções da realidade, iniciando um ciclo de emoções, sensações físicas e comportamentos que nos fazem reagir de forma inadequada ou exagerada às situações. Na linha da Psicologia chamada Terapia Cognitivo-Comportamental, essa perspectiva é conhecida como distorção cognitiva ou pensamento disfuncional.[6]

Esses atalhos de pensamento se instalam de forma sorrateira em nós. Por exemplo, meus pais são professores e sempre foram muito rigorosos com os meus estudos. Lembro-me de uma vez em que tirei nota 5 em uma prova e meu pai ficou bem bravo. Em minha defesa, argumentei que todos na turma tinham ido mal. A resposta retumbante foi: "Mas você não é todo mundo!".

QUADRO 2 Cérebro reativo × cérebro adaptativo

	Cérebro reativo	Cérebro adaptativo
Via de ação	*Bottom-up*	*Top-down*
Linguagem	Estresse	Adaptação
Área cerebral dominante	Amígdala e sistema límbico (localizados na parte inferior do cérebro)	Córtex pré-frontal (localizado na parte superior do cérebro)
Velocidade de resposta	Rápida e automática	Lenta e elaborada
Tipo de resposta	Impulsiva, automática, voltada para a sobrevivência	Reflexiva, regulada, voltada para a adaptação e a solução
Estado emocional	Estresse, ameaça, insegurança	Segurança, clareza, capacidade de lidar com desafios

(continua)

QUADRO 2 Cérebro reativo × cérebro adaptativo (*continuação*)

	Cérebro reativo	Cérebro adaptativo
Atenção	Capturada por estímulos chamativos e ameaçadores	Direcionada ao que é relevante, mesmo com distrações
Tomada de decisão	Baseada em hábitos e reações automáticas	Baseada em reflexão e bom senso
Tendências cognitivas	Pessimismo: ▪ Personalização ▪ Permeabilidade ▪ Permanência	Expectativas positivas: ▪ Apreciação ▪ Responsabilidade ▪ Aceitação
Impacto do estresse crônico	Predomínio do cérebro reativo, maior vulnerabilidade emocional	Enfraquecimento do cérebro adaptativo se não houver estratégias de cuidado e autorregulação
Postura perante a adversidade	Vitimização, impotência, desânimo	Busca de soluções, aceitação do que não pode ser mudado

Desde então ficou gravado em mim que eu precisava ser a melhor em tudo o que fazia. Acreditei nisso tão fortemente que, quando menos eu percebo, pensamentos automáticos relacionados à excelência e ao perfeccionismo surgem na minha mente sem esforço. Quase nunca eu questiono a sua veracidade. Algumas vezes essas ideias me ajudam a ser mais produtiva e entregar meu trabalho da melhor maneira. Outras tantas vezes atrapalham demais, como no aprendizado de línguas. Tenho dificuldade com o inglês e já deixei de fazer muita coisa porque, se não posso falar perfeitamente, melhor nem começar. Esse é um tipo de crença que não me ajuda em nada. Um pensamento disfuncional.

HISTÓRIAS QUE CONTAMOS A NÓS MESMOS: A ILUSÃO DOS PENSAMENTOS DISFUNCIONAIS

Se você começar a observar com cuidado, independentemente da situação que te estressa, você costuma ter os mesmos pensamentos automáticos negativos, apenas com uma "roupa diferente". Tem a turma do *tudo ou nada*, aqueles que *minimizam as coisas boas e amplificam as ruins*. Tem o bonde do *eu deveria* ter feito assim ou assado. Essas distorções são uma maneira inflexível e muito simplificada de pensar. São como um filtro mental, que confere o mesmo tom a tudo o que vemos.

Não importa muito o nome que você dá a essas distorções, o importante é reconhecê-las. Você pode usar os nomes mais acadêmicos, como magnificação, rotulagem ou adivinhação do futuro.[7] Já eu, quando percebo esses pensamentos que não me ajudam em nada, costumo brincar comigo mesma: "Olha aí a Rainha do Drama de volta!" (se você não pegou o trocadilho, Regina em latim quer dizer rainha). O fato é que, ao reconhecermos essas ideações disfuncionais, criamos certo distanciamento delas, o que faz com que o pensamento negativo perca sua força.

Nem todos os pensamentos que surgem sob estresse são distorcidos, mas, quando são, precisamos ajustá-los. Uma pergunta ideal para fazer essa avaliação é: "Este pensamento é útil? Ele me ajuda a resolver o problema?". Identificar essa disfuncionalidade é o primeiro passo importante para um **Sistema de estresse saudável**, mas sozinho não basta. É preciso encontrar um jeito de seguir adiante. Fazemos isso buscando a melhor perspectiva que nos permita lidar com a situação.

Este pensamento é útil?
Ele me ajuda a resolver o problema?

Não quero que você fique com a impressão de que nossa mente é uma máquina de ideias que só nos atrapalham. Isso está bem longe da verdade. Quando o cérebro adaptativo entra em ação, tendemos a ver o mundo por lentes mais positivas.[1] A ação do córtex pré-frontal proporciona perspectivas mais favoráveis e maior capacidade de adaptação, que nos ajudam a perseverar diante dos desafios.

O estresse não é ruim, ele apenas é um sinal de que algo precisa mudar. Toda vez que você se adapta apropriadamente, está se tornando mais sábio. Quando lidamos de maneira sensata e criativa com situações que nos sobrecarregam, nos tornamos melhores em resolver problemas, em aceitar aquilo que não pode ser mudado, cultivamos mais emoções positivas e nos tornamos presenças mais amigáveis no mundo.

A questão é que somos muito fluentes na linguagem do estresse, mas pouco versados na linguagem da adaptação. Pessoas resilientes, por outro lado, têm muito refinamento nessa linguagem, e podemos aprender com elas. Na pandemia de covid tive aulas com a Peg, durante minha certificação em gerenciamento do estresse. Me admirava observar sua capacidade de enxergar beleza em um momento tão desafiador. Até hoje, quando a ouço falar, me inspira sua habilidade em buscar um caminho menos doloroso para passar pelo sofrimento – um **Sistema de estresse saudável**. Essas são qualidades que eu quero cultivar na minha vida.

Resiliência

Quando falamos em **Sistema de estresse saudável**, estamos falando em uma boa capacidade de resiliência. O funcionamento do cérebro adaptativo nos permite cultivar essa habilidade de atravessar desafios com consciência e adaptação. Gosto do conceito da resiliência baseada em 5 pilares fundamentais.[8]

1. **Cultivar motivação e satisfação na vida** – ter disposição para enxergar a vida sob um olhar mais positivo e encontrar significado nos momentos do dia a dia fortalece nosso bem-estar emocional.
2. **Aprender a lidar com o medo de forma construtiva** – o medo é natural, mas podemos desenvolver estratégias que nos permitam seguir em frente, mesmo diante da incerteza, encontrando caminhos que nos mantenham firmes.
3. **Fortalecer conexões e apoio social** – o vínculo significativo com outras pessoas, o trabalho em equipe e a prática do altruísmo nos ajudam a enfrentar desafios com suporte e acolhimento.
4. **Flexibilizar o pensamento diante das adversidades** – podemos ressignificar experiências difíceis, encontrando novas perspectivas que nos permitam crescer e seguir adiante com mais leveza.
5. **Buscar propósito e conexão interior** – ter um sentido para a vida e uma bússola moral nos guia em momentos de transformação, permitindo que a gente viva com significado e autenticidade.

A sabedoria do cérebro adaptativo vem com algumas características marcantes. Pessoas com maior **capacidade de adaptação** costumam ter mais **expectativas positivas**, mesmo diante do estresse. Têm mais **apreciação** por si mesmas, pelos outros e pela vida. Se responsabilizam por suas atitudes e **buscam soluções** diante da adversidade, mas também desenvolvem **aceitação** quando não é possível mudar a situação. Quando falo em aceitação, não estou dizendo que precisamos nos render ou jogar a toalha em momentos que podem realmente ser ruins. Eu mesma cuido de muitas pessoas que receberam um diagnóstico de câncer e sei que não é algo para se gostar. Algumas dessas pessoas procuram ver o que é possível fazer para se tratar e aceitam aquilo que não podem mudar: o fato de a doença estar ali naquele momento.

Mesmo quando não podemos fazer nada para modificar uma situação, ainda assim podemos transformar o seu significado em um aprendizado mais positivo. Veja que aceitar não é gostar nem concordar, mas desenvolver uma perspectiva de como seguir em frente em um momento difícil ou de como ser solidário de um jeito bom.

Aceitação é a habilidade de permitir que as coisas sejam como elas são.

Outras pessoas que eu acompanho na jornada do tratamento oncológico se revoltam e ficam querendo encontrar um culpado para a doença. Isso acontece, em geral, quando o cérebro reativo fala mais alto e a ênfase no estresse é predominante. Nossa história de vida, especialmente os primeiros 3 anos, pode ter um impacto significativo nesse comportamento, pois molda o cérebro e influencia diretamente os mecanismos do corpo que regulam o estresse, como o eixo HHA.[9]

Aceitar momentos muito dolorosos ou desafiadores não é simples. Nessas situações, uma habilidade fundamental é saber diferenciar o que está sob nosso controle e, portanto, pode ser transformado com ações concretas, daquilo sobre o qual não temos nenhuma influência e que exige aceitação.

A ciência mostra que pessoas que desenvolvem essa distinção têm níveis menores de estresse e relatam mais bem-estar. Um estudo clássico da Universidade de Wisconsin, por exemplo, demonstrou que a percepção de controle sobre as situações da vida tem um impacto direto na saúde física e mental, reduzindo até mesmo o risco de doenças relacionadas ao estresse.[10]

O que acontece é que, diante de situações difíceis, o **cérebro reativo** – mais automático e voltado para a sobrevivência – tende a insistir em resolver aquilo que está fora do nosso alcance. Isso gera um ciclo vicioso de frustração e estresse.

Já o **cérebro adaptativo**, capaz de análise, reflexão e *insights*, nos ajuda a fazer essa distinção com mais clareza. Ele nos permite buscar soluções criativas e práticas quando há algo que podemos fazer. E, quando não há, nos apoia no processo de aceitar, ressignificar e seguir adiante com mais leveza.

Círculo de influência

Para lidar com o estresse de forma mais realista, uma estratégia eficaz é reconhecer onde vale a pena investir nossa energia e onde é mais saudável soltar o controle. Podemos imaginar isso em três círculos: o do **controle**, o da **influência** e o da **preocupação**.

No **círculo do controle** estão as situações que dependem diretamente de mim, onde posso agir de forma autônoma, sem depender de decisões externas. É aqui que minhas escolhas fazem diferença concreta e posso ter ações de solução de problemas. Por exemplo, se recebo o diagnóstico de uma doença, está no meu controle começar a fazer exercício físico e mudar minha alimentação. São decisões que estão no meu campo de ação – práticas, simples, possíveis. É nesse círculo que vale cultivar constância e cuidado.

(continua)

(continuação)

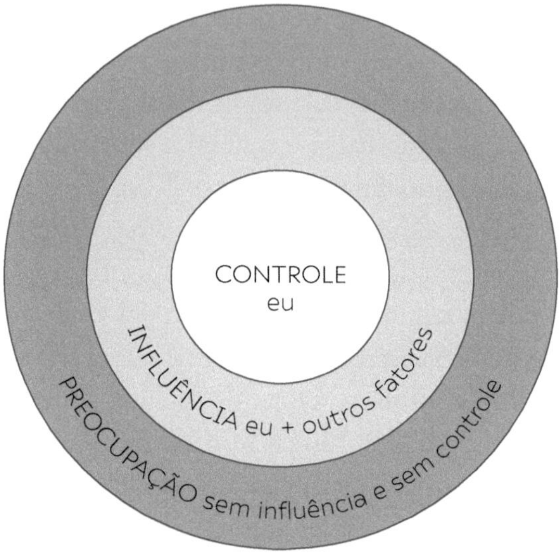

FIGURA 5 Círculo de influência

Já o **círculo da influência** inclui situações em que minha atitude pode fazer diferença, mas não garante o resultado final. Aqui, eu posso contribuir, dialogar, propor caminhos, mas ainda dependo de outras pessoas ou de fatores externos à minha vontade. No caso do adoecimento, está sob minha responsabilidade seguir o tratamento recomendado pelo médico, tomando os remédios sem atraso, e ter ações de autocuidado, mas o resultado final depende também de variáveis sobre as quais não tenho controle. Nessas situações, há espaço para a ação, sim, mas é importante lembrar que o desfecho não está totalmente nas nossas mãos. Por isso, nesse círculo, o convite é agir com intenção e, ao mesmo tempo, praticar o desapego quanto ao resultado.

(continua)

(continuação)

Por fim, existe o **círculo da preocupação**, que abrange tudo aquilo sobre o que não tenho controle nem influência. São eventos ou decisões que simplesmente não dependem de mim. Aqui, por mais que a mente queira resolver, a realidade nos convida a aceitar. Essa aceitação não é passividade, mas sim reconhecer que insistir no controle onde ele não existe só aumenta o sofrimento.

Cultivando a aceitação

Um importante **Recurso de adaptação** quando não podemos mudar uma situação é desenvolver a capacidade de aceitação. Algumas perguntas ajudam a encontrar novos significados em momentos desafiadores:

- Se eu pudesse influenciar essa situação de maneira positiva, como seria?
- O que eu posso aprender com essa situação?
- Como eu poderia ser amoroso nessa situação?
- O que isso me permite fazer?
- O que isso diz sobre mim e os meus valores?

Ao identificar em qual desses círculos está cada situação que me causa estresse, posso agir com mais clareza, direcionando minha energia para o que é possível e soltando o peso daquilo que não está ao meu alcance. Essa é uma forma prática e compassiva de lidar com os desafios do dia a dia.

Existe um ditado popular que diz que aquilo que fazemos muito fazemos bem. Assim é com as linguagens cerebrais. Quanto mais usamos o cérebro reativo, mais fortalecida fica nossa resposta de estresse, tornando-se muitas vezes exagerada e inadequada. Felizmente, quando nos percebemos seguros e tranquilos, cultivamos a linguagem da adaptação e estimulamos o cérebro adaptativo a funcionar mais e melhor. Isso reverte os impactos negativos do estresse prolongado sobre a estrutura e as conexões cerebrais. Atividades como meditação, práticas informais de atenção plena, psicoterapia, estratégias de reavaliação cognitiva e regulação emocional, conexões sociais e espiritualidade são excelentes maneiras de ganhar mais repertório na linguagem da adaptação.

Todas essas práticas são parte importante da Abordagem S.E.R., já que atuam como um treino para fortalecer o cérebro adaptativo e reduzir os estímulos inadequados ou excessivos do cérebro reativo.

Todos temos dentro de nós dois lobos em frequente conflito. Cabe a você decidir qual deles vai alimentar.

5

O segredo está na dose

O sintoma que mais vejo no meu consultório nos dias de hoje é fadiga – a percepção de que, por mais que você descanse, sua bateria não recarrega. Se você já passou por períodos de estresse, com certeza teve uma profunda sensação de cansaço. A justificativa disso é muito simples: para manter o seu corpo funcionando em períodos de sobrecarga, você gasta mais combustível. Por outro lado, quem faz exercício físico com alguma regularidade nota o quanto esse tipo de estresse positivo nos deixa cheios de energia! Como diria o médico Paracelso, já no século XVI, a diferença entre remédio e veneno está na dose.

O estresse influencia diretamente a forma como envelhecemos, e isso está intimamente relacionado com a maneira como o corpo usa e preserva sua energia. Quando estamos sob resposta de estresse intensa ou prolongada, o organismo pode entrar em um ritmo acelerado de desgaste – o que contribui para o envelhecimento precoce e aumenta o risco de adoecer. Por outro lado, quando o estresse é leve, passageiro e bem administrado, ele pode ter um efeito protetor, ajudando o corpo a se adaptar e até a desacelerar o processo de envelhecimento.

Na linguagem da ciência, chamamos de hormese o fenômeno em que pequenas doses de estresse, quando bem manejadas, funcionam como um empurrão positivo, ao passo que doses altas ou persistentes causam prejuízo. De um lado da balança está um desafio leve, que estimula o corpo a se adaptar, se fortalecer e se proteger. Do outro, uma carga constante, intensa ou mal administrada, que cobra um preço alto. O desgaste acumulado é conhecido como sobrecarga alostática – uma espécie de custo fisiológico que enfraquece o organismo e acelera o envelhecimento das células.[1]

Para facilitar o entendimento, vou chamar o estresse positivo de hormese e o tóxico de sobrecarga alostática. Vou traduzindo essa "sopa de letrinhas" ao longo do capítulo, para que você compreenda como o estresse pode rejuvenescer ou envelhecer, dependendo da forma como o vivemos.

Você já aprendeu que temos um acelerador – sistema nervoso simpático – e um freio – sistema nervoso parassimpático. Quando você se expõe a uma situação desafiadora, porém administrável e de curta duração, você liga a resposta simpática de estresse de forma breve. Logo em seguida essa parte do sistema autônomo desliga e vem uma intensa resposta parassimpática, conhecida como rebote vagal. É como se você tomasse um banho frio e em seguida se enrolasse em uma toalha quentinha que protege o corpo.[2]

Na prática, isso acontece por meio de mecanismos celulares bastante sofisticados. Um deles envolve a ativação de um guardião interno chamado Nrf2 – uma proteína que age como um sensor de perigo. Quando ativada, estimula a produção de substâncias protetoras, como a glutationa, que têm efeito antioxidante e anti-inflamatório. Isso aumenta a capacidade da célula de lidar com os desafios do dia a dia, ajudando a manter o equilíbrio e a saúde celular.[3]

Mas a hormese não para por aí. Ela também fortalece o cérebro, estimulando a neuroplasticidade (capacidade de formar novas conexões) e oferecendo proteção contra alguns distúrbios neurológicos.[4] Tem efeito até sobre os músculos! Durante o exercício físico, por exemplo, pequenas quantidades de radicais livres são geradas, e, nessa dose baixa, eles sinalizam ao corpo que é hora de se adaptar, melhorando a força e a resistência muscular com o tempo.[5] É como uma vacina. Quando as células são submetidas a um tipo de estresse positivo, como o exercício físico, elas ficam mais capazes de lidar com outros tipos de desafios, como os emocionais.[6]

Treinar o estresse controlável permite lidar com o estresse incontrolável.

Usando o estresse a seu favor

Há várias formas de provocar o estresse positivo no seu organismo. Escolha aquela que mais te agrada e coloque em prática com regularidade:

- Exercício físico, principalmente os do tipo HIIT (*High Intensity Interval Training*):[7] ciclos de atividade física intensa por 30 segundos seguidos de recuperação por 10 segundos, repetidos por 7 a 15 minutos.
- Oscilações de temperatura: alteram a temperatura corporal de forma mais intensiva por período de tempo suficiente para promover uma resposta de estresse de curta duração. Você pode experimentar um banho de gelo (crioterapia),[8] permanecendo imerso pelo máximo tempo que conseguir. Ou ainda pode ir para a sauna por cerca de 30 minutos.[9] Um jeito mais simples de fazer as oscilações de temperatura é tomar uma boa ducha gelada ao final de um banho quentinho. Procure ficar por 15 segundos e, conforme for ganhando resistência, aumente até 1 minuto. Para quem tem doenças cardíacas ou pressão alta, essas práticas não são recomendadas.

(continua)

(continuação)

- Estímulos cognitivos: aprender algo novo, discutir um tema complexo, jogos de lógica (palavra cruzada, quebra-cabeça, sudoku), fazer algo desafiador emocionalmente, mas seguro, são formas de estresse psíquico leves que induzem a um efeito positivo.[10]

Desafios pequenos e manejáveis ensinam o organismo a entrar e sair da resposta de estresse com mais eficiência. Esse movimento ativa mecanismos de regeneração, estimula a faxina celular e aciona processos ligados à proteção e à longevidade. Já quando o estresse é intenso, frequente ou prolongado, o efeito se inverte. Os sistemas de defesa se esgotam, o corpo sai do eixo e o risco de adoecer aumenta – muitas vezes por causa de um desequilíbrio no orçamento energético do organismo.

Entendi esse mecanismo estudando com o pesquisador Martin Picard, um rapaz jovem, sorridente, de óculos divertidos, que tem um trabalho científico fenomenal. O balanço energético é um dos elementos fundamentais no processo de adoecimento causado pelo estresse. Sempre que eu falar em energia aqui, não pense em algo esotérico ou místico, pense no combustível do nosso organismo, a molécula de adenosina trifosfato (ATP).

Assim como acontece com a minha conta bancária e talvez a sua, a energia do nosso corpo também tem recursos limitados. Ela não é infinita. No centro da produção dessa energia estão as mitocôndrias, que funcionam como verdadeiras usinas dentro das nossas células. Elas produzem ATP por meio de um processo chamado fosforilação oxidativa. Lembra do ciclo de Krebs das aulas de biologia?

De forma simplificada, as mitocôndrias transformam nutrientes, como a glicose, ácidos graxos e aminoácidos, em energia (ATP) e água. Para cada molécula de glicose, são geradas cerca de 30 moléculas de ATP.[11] Esse processo gera resíduos, as chamadas espécies reativas de oxigênio, que são como o lixo celular. O corpo trabalha o tempo todo para equilibrar produção de energia e manejo dos resíduos. Esse equilíbrio é essencial para nossa saúde física e mental. Quando o balanço se perde, temos o chamado estresse oxidativo, processo que causa danos ao DNA e às células, contribuindo para o desenvolvimento de uma série de doenças neurodegenerativas (doença de Parkinson), cardiovasculares (ataques cardíacos), metabólicas (pré-diabetes) e câncer.[12]

O lixo celular liberado na produção de ATP também é tóxico para a própria mitocôndria, prejudicando a sua capacidade de produzir energia. Chamamos isso de disfunção mitocondrial. Essas estruturas celulares tão pequenas também têm outras funções importantes, como a produção de hormônios (cortisol e melatonina), o processamento de informação que vai da célula para o núcleo celular e a integração das mensagens que fazem o caminho inverso.[13] Quando eu estava na faculdade, pensávamos nas mitocôndrias como fábricas de energia. Hoje já sabemos que elas são, na verdade, potentes processadores de informação. Assim fica fácil imaginar como o funcionamento prejudicado das mitocôndrias pode nos fazer adoecer.

Voltando à questão da energia, temos três princípios energéticos básicos da saúde humana: produção, distribuição e gasto de energia.[14] Como você viu, o estresse prolongado reduz a capacidade do organismo de produzir energia, já que causa disfunção mitocondrial. Agora você começou a entender a origem do seu cansaço quando está estressado.

Já te ensinei que o estresse é um acelerador, mobiliza corpo e mente. Para isso, o coração acelera, os músculos tensionam e o cérebro fica mais ativo. Adivinha o que acontece? Gasto de energia! Quando o sinal de estresse é adequado e serve realmente para nos adaptarmos a uma situação desafiadora ou para lidarmos com uma ameaça, esse ATP foi muito bem empregado e o corpo pode voltar ao descanso para recuperar sua capacidade de produzir energia.

Porém, muitos de nós vivemos com a conta bancária no vermelho! Às vezes o corpo gasta mais energia do que consegue produzir. Esse desequilíbrio é chamado de hipermetabolismo. Ele acontece quando enfrentamos o estresse de forma desregulada, como, por exemplo, quando o cérebro interpreta uma situação como ameaçadora, mesmo que ela não seja. O corpo, então, se antecipa: aumenta a frequência cardíaca, tensiona os músculos, nos deixa em estado de alerta total.

Esse processo de antecipação tem um nome: alostase.[15] É a habilidade do corpo de se preparar para lidar com um desafio. Para facilitar, pense em quando estamos dirigindo e vemos uma ladeira à frente. Antes mesmo de começar a subida, aceleramos o carro. Isso gasta combustível naquele momento, mas nos ajuda a subir com mais eficiência. A mesma lógica vale para o corpo: antecipar o estresse consome energia no curto prazo, mas, se o desafio realmente acontecer, isso ajuda a economizar energia no todo.

Agora, imagine que o cérebro erra a previsão. Você se prepara para algo que nunca acontece. Passa dias ensaiando mentalmente uma conversa difícil com seu chefe, fica tenso, alerta, pronto para se defender e a reunião é cancelada. Toda a energia usada nesse preparo foi desperdiçada.

Isso também acontece quando nos preocupamos demais, ruminamos pensamentos ou vivemos constantemente em estado de alerta, mesmo sem motivo real.[16] Esse gasto contínuo e desnecessário de energia é chamado de sobrecarga alostática.

Ela também pode surgir em situações de estresse prolongado ou quando enfrentamos pequenas doses de estresse todos os dias – aquela rotina cheia, sem pausas, sem descanso suficiente. Aos poucos, o corpo vai se esgotando e adoecemos.

Além de gastar mais e produzir menos energia quando estamos cronicamente estressados, a distribuição energética também fica deficitária. Lembra da conta bancária? Imagine que parte do seu dinheiro está na conta corrente, para os gastos imediatos, parte está na reserva de emergência, para quando as coisas saem do esperado, e outra porção está nos investimentos para uma aposentadoria tranquila e feliz. Acontece da mesma forma com a nossa moeda energética.

Para nos mantermos vivos, parte significativa do ATP é investida nas funções vitais, como manter a temperatura corporal, digestão, contração muscular, batimento cardíaco, comunicação entre as células, síntese de proteínas e expressão de genes. Quando estamos acordados, o gasto aumenta um pouco para manter os processos cognitivos funcionando, como regulação emocional, planejamento, percepção sensorial. Temos um recurso dedicado ao processo de crescimento, manutenção e restauração, como reparos do DNA, eliminação de células mortas, produção de células de imunidade, crescimento do cabelo, dos músculos e dos neurônios. Mais um montante já está programado para ser utilizado no processo de alostase, ou seja, para a preparação (regulação preditiva) e ativação da resposta de estresse, quando necessário. Por fim, temos uma reserva de emergência, guardada para quando a demanda fisiológica aumenta temporariamente por algum motivo.[14]

Quando o estresse é intenso, os processos fisiológicos para manter o corpo acelerado consomem a energia da reserva. Se a sobrecarga se prolonga no tempo e a reserva de energia se esgota, passamos a consumir recursos antes dedicados ao crescimento, manutenção e restauração do organismo. Com isso há queda na capacidade de defesa do sistema imunológico, acúmulo do lixo celular, menor competência em manter o DNA íntegro e redução da eliminação de células defeituosas, como as cancerígenas. Já ouviu falar que estresse faz o cabelo cair? Isso acontece pois não existe recurso energético suficiente para crescimento dessas células.

Enriquecendo seu orçamento de energia

Assim como cuidamos da nossa vida financeira, buscando reduzir gastos desnecessários e aumentar as reservas, também podemos cultivar um orçamento energético mais saudável para o nosso corpo.

A ideia é simples: quando diminuímos o desperdício de energia e fortalecemos nossos sistemas internos, sobra mais energia para processos importantes como crescimento, reparo e regeneração celular. Isso é o **Sistema de estresse saudável** da **Abordagem S.E.R.**

Algumas práticas acessíveis e cientificamente comprovadas ajudam a promover esse equilíbrio energético:

- **Exercício físico regular:** um corpo treinado se torna mais eficiente. As atividades básicas da vida – como respirar, digerir, manter a temperatura e o batimento cardíaco – passam a consumir menos energia e o rendimento global melhora.[17] Além disso, o exercício fortalece as mitocôndrias (nossas "usinas de energia"), aumentando a capacidade de produzir ATP, a moeda energética das células.[18] Assim, cultivamos um corpo com maior reserva energética e mais preparado para os desafios do dia a dia.
- **Suporte social:** ter pessoas com quem podemos contar, conversar e dividir desafios ajuda o organismo a economizar energia. Isso acontece porque, diante de uma situação estressante, a presença de vínculos seguros amortece as respostas de estresse, reduzindo o impacto fisiológico das ameaças físicas e sociais.[19]
- **Meditação:** durante a prática meditativa, o corpo entra em estado de presença tranquilo, no qual mantém suas funções vitais com menor gasto energético. É como um "modo de recarga".[20] A meditação também ajuda a reduzir a ruminação mental, que consome muita energia e nos deixa exaustos.[16]

Produzimos menos, gastamos mais e distribuímos errado a energia quando estamos cronicamente estressados.

Para responder aos estressores do dia a dia, há um custo energético dedicado a manter o sistema simpático e o eixo neuroendócrino ligados. A sobrecarga alostática é o custo da desregulação dos sistemas fisiológicos causada por um aumento da demanda energética no estresse crônico, e é um dos fatores que nos faz adoecer. O processo de envelhecimento também faz com que as células se tornem hipermetabólicas. Com isso há redução do direcionamento de energia para áreas muito demandantes, como cérebro e músculos, a fim de que os processos biológicos fundamentais de manutenção da vida sigam acontecendo.[21] Assim, o estresse tóxico acelera ainda mais o envelhecimento e antecipa o surgimento de doenças.

Sustentar a vida se torna mais custoso em face do estresse, e gastamos recursos que nos fariam viver mais e melhor.

Resumindo, o estresse de curta duração e baixa intensidade, provocado voluntariamente – por estímulos físicos ou cognitivos –, estimula adaptações benéficas, treina o corpo para ter uma rápida recuperação e resposta positiva a futuros estressores. Favorece o crescimento, o aprendizado e o fortalecimento de mecanismos de proteção, tornando o corpo e a mente mais preparados para lidar com desafios, inclusive os inesperados. Desta forma, aumentamos a capacidade do organismo para lidar com as situações difíceis ou com os pequenos desafios do dia a dia e retardamos a taxa de envelhecimento. Já pequenas tensões que se repetem por muitos anos, sobrecargas prolongadas ou experiências adversas na infância causam uma exposição tóxica ao estresse. Isso pode gerar impactos negativos quando os recursos para lidar com a pressão são insuficientes ou quando o organismo não tem tempo adequado para se recuperar.[10]

Na **Abordagem S.E.R.**, para cultivarmos um **Sistema de estresse saudável** precisamos trazer estímulos de estresse positivo com mais frequência para a nossa rotina, bem como reduzir o estresse tóxico o máximo possível. No próximo capítulo vou te contar com mais detalhes as consequências físicas e mentais que a exposição descontrolada ao estresse pode provocar.

6

Vivendo sob pressão: o desgaste que adoece

Logo após sair da faculdade e começar a atuar como médica eu tinha minha casinha arrumada, ganhava um bom salário, minha família estava saudável e feliz. Foram alguns anos trabalhando em um ritmo intenso que incluía, além do turno regular, plantões noturnos e aos finais de semana. Para compensar, muita festa, viagem e uma sensação de que eu precisava aproveitar a vida toda em um único gole. Tudo deveria estar perfeito, mas eu ficava irritada sem perceber, estava frequentemente cansada, tinha uma infecção atrás da outra. Um dos meus primeiros sinais de estresse é o aparecimento de feridas do vírus herpes na boca (e elas vinham surgindo insistentemente). Depois de algum tempo comecei a me sentir desgostosa com a profissão. Não via mais sentido no que fazia e por muitas vezes pensei que a medicina não era para mim.

Quando comecei a estudar sobre os efeitos do estresse na saúde, entendi que todos aqueles sintomas eram o meu sistema sobrecarregado por uma resposta de proteção que estava se mantendo ligada de forma desnecessária e sem tempo para recuperação. Percebo que muitas das pessoas que me procuram para cuidar da sua saúde também não associam o estresse a sintomas como falta de memória, piora de dores físicas e principalmente com sinais mais sutis, como a falta de ânimo e sensação de vazio.

No capítulo anterior te mostrei que o gasto excessivo de energia causado pelo acúmulo de estresse pode nos adoecer. Isso acontece pois desviamos os recursos e deixamos de utilizá-los em atividades fundamentais, como produção de células da defesa, eliminação de células defeituosas e dos lixos celulares, reparo do material genético e crescimento de novas células.

A sobrecarga alostática, que promove esse desequilíbrio energético, é um dos mecanismos pelos quais o estresse nos faz adoecer, mas não é o único. Dois outros importantes fatores entram nessa equação: a inflamação e o dano genético. Ao longo deste capítulo vou te mostrar como esses três mecanismos trabalham juntos como base para o desenvolvimento ou o agravamento de uma série de doenças. Esse conjunto de alterações acontece por uma incompatibilidade entre nossa fisiologia ancestral de adaptação ao estresse e o estilo de vida moderno. Nosso sistema biológico não foi atualizado para viver da forma como vivemos.[1]

Temos vivido em desacordo com a natureza do nosso corpo.

ESTRESSE E SISTEMA IMUNOLÓGICO

O sistema imunológico é o departamento de defesas naturais do corpo. Ele atua para combater infecções e também para proteger e reparar quando algo está fora do lugar. Quando sofre um corte, você percebe que a área ao redor do machucado fica avermelhada, quente, dolorida e pode ter pus. Esse é o processo de inflamação aguda, que ajuda a curar a ferida. Dura pouco tempo, e nele estão envolvidas tanto as células de defesa – glóbulos brancos ou leucócitos – como substâncias inflamatórias. Nosso time de defesa combate possíveis vírus ou bactérias que estejam colonizando o local.

Esse mecanismo é maravilhoso para nos proteger de microrganismos que causam infecções e fica bastante ativo durante a resposta de estresse de curta duração. Não vamos nos esquecer que essa resposta foi feita para nos proteger de ameaças da natureza, certo? Então, se corremos o risco de ser atacados por um leão que pode ferir nossa pele com a boca cheia de germes, é bom mesmo que nosso sistema de defesa esteja ativo.

A imunidade durante o estresse agudo funciona assim: os leucócitos saem dos seus quartéis generais (baço, pulmões, linfonodos) e caem na corrente sanguínea em direção aos postos de ataque (pele, mucosas e locais de ferimentos). Temos também a liberação de adrenalina na corrente sanguínea por ativação do sistema simpático. Ela se liga aos receptores celulares e ativa o funcionamento de um gene, o do fator de transcrição NFkB. Com isso, as células de defesa passam a liberar substâncias inflamatórias de proteção, como interleucinas e fator de necrose tumoral. Após alguns minutos, a segunda onda da resposta de estresse libera cortisol, que desliga o gene NFkB e todo esse processo inflamatório. Então, o organismo volta ao equilíbrio.

No estresse crônico o cortisol persistentemente aumentado torna os seus receptores mais resistentes e perde a ação inibitória, o que faz com que o gene NFkB permaneça ligado, causando uma inflamação crônica de baixo grau, sem nenhum germe para ser combatido. Esse processo também é chamado de inflamação estéril.[2] Pequenos aumentos de inflamação, como os que acontecem quando temos uma infecção ou machucado, são importantes para a nossa sobrevivência. Mas esse estado inflamatório, mais sutil e prolongado, causado pelo estresse crônico pode aumentar o risco de várias doenças.[3]

Além da inflamação desregulada, o estresse crônico altera nosso sistema de proteção. Nessa situação, as células de defesa, como linfócitos B e T, ficam com a função reduzida, aumentando os riscos de infecção. Um estudo clássico observou que, quando expostas a um vírus respiratório, cerca de 25% das pessoas com baixos níveis de estresse desenvolviam resfriado, ao passo que mais de 45% das pessoas que se consideravam mais estressadas desenvolviam resfriado quando expostas ao mesmo vírus.[4]

Em resumo, o estresse de curta duração melhora o funcionamento do sistema de defesa, tornando-o mais capaz de combater infecções, responder a vacinas e curar feridas. Por outro lado, o estresse prolongado aumenta o risco de infecções por reduzir o funcionamento do nosso time de defesa e agrava doenças causadas pela inflamação.[5] Entre elas estão aquelas com componentes autoimunes ou alérgicos, como lúpus eritematoso sistêmico, psoríase, doenças inflamatórias intestinais, dermatite atópica, urticária, rinite e sinusite alérgicas. As condições que têm como base uma fisiologia pró-inflamatória, como as doenças cardiovasculares, metabólicas e neuropsíquicas, também são agravadas, como veremos a seguir.

ESTRESSE E DOENÇA CARDIOVASCULAR

Para quem é fã de futebol, em dia de jogo, haja coração. Não é só figura de linguagem. Assistir a uma partida de futebol estressante mais que dobra o risco de um ataque cardíaco.[6] Nos dias em que o Brasil joga na Copa do Mundo, tem mais infarto ainda.[7]

A conexão cérebro-coração vem sendo mais bem entendida pela ciência desde que um estudo feito com mais de 24 mil pessoas ao redor do mundo mostrou que o estresse crônico aumenta em 55% a taxa de infarto agudo do miocárdio.[8] Esse estudo, o *Interheart*, mostrou que o estresse psicossocial é um fator de risco tão importante para doença cardíaca quanto obesidade, tabagismo, pressão alta e diabetes. Quando o estresse foi combinado com esses outros fatores, houve um aumento de duas vezes e meia no risco de infarto.

É verdade que quando estamos sob pressão buscamos algumas válvulas de escape, como o álcool, comidas gordurosas, doces e até o cigarro. Mas apenas esses fatores não explicam um aumento tão significativo.

No estresse, a amígdala cerebral fica mais ativa e o córtex pré-frontal perde a capacidade de regulá-la, como vimos no capítulo 4. Essa alteração cerebral liga o sistema nervoso simpático, que por sua vez faz com que a medula óssea – o tutano do osso – produza mais monócitos, células do sistema imunológico envolvidas com a inflamação. Essas células se depositam dentro dos vasos sanguíneos, contribuindo para o aparecimento de placas de aterosclerose inflamadas.[9]

A interação entre córtex pré-frontal e amígdala pode inclusive ser uma nova ferramenta para prever o risco de aterosclerose e de doença cardiovascular. Há estudos que mostram que pessoas que têm essa conexão cerebral enfraquecida têm maior risco de desenvolver placas de gordura nos vasos sanguíneos e ataques cardíacos nos anos que se seguem.[10] Ou seja, um cérebro menos capaz de regular o estresse leva a um coração com maior risco de sofrer.

Para que um infarto aconteça, não é suficiente que as artérias estejam inflamadas e com acúmulo de gordura. Também é preciso que o sangue forme um coágulo, entupindo o vaso. O estresse também faz isso. Recentemente descobrimos que ansiedade e depressão aumentam em até 51% o risco de trombose venosa profunda – um tipo de coágulo que impede o fluxo sanguíneo. Essas condições, que têm tudo a ver com o funcionamento do estresse no corpo, oferecem um risco tão importante quanto outros fatores bem conhecidos de trombose, como a obesidade e o cigarro.[11]

Ou seja, pessoas expostas ao estresse crônico tendem a ter um aumento do funcionamento da amígdala cerebral diante de situações percebidas como ameaçadoras. Isso gera uma resposta de estresse mais intensa no corpo, com ativação exagerada do sistema nervoso simpático, maior inflamação e mais coagulação do sangue.[12] Esse conjunto de reações contribui para um risco maior de infarto, arritmias e até morte súbita.

ESTRESSE E DOENÇAS DO METABOLISMO

Além das doenças cardiovasculares, outra condição que reduz muito a quantidade e a qualidade da vida nos dias atuais são as doenças relacionadas ao metabolismo. Metabolismo é o conjunto de processos que o corpo usa para converter comida em energia e em materiais necessários para manter tudo funcionando, desde respirar até pensar e construir músculos.

Um estudo feito ao longo de 14 anos com moradores de Londres mostrou que o estresse relacionado ao trabalho aumenta em mais de duas vezes o risco de desenvolver síndrome metabólica.[13] Essa condição inclui resistência à insulina, níveis elevados de glicose no sangue, pressão alta, acúmulo de gordura abdominal e níveis alterados de colesterol e triglicerídeos.

Outro estudo, realizado na Austrália, acompanhou quase 13 mil mulheres ao longo de 12 anos. Esse seguimento mostrou que níveis de estresse moderados a altos foram associados a um aumento de 2,3 vezes nas chances de desenvolver diabetes nos 3 anos seguintes.[14] Uma das prováveis causas da associação entre estresse e diabetes é a perda da regulação normal do cortisol, levando à resistência à insulina.[15]

Quando vivemos sob estresse crônico, nosso organismo precisa de mais energia e as mitocôndrias trabalham intensamente para produzir ATP. Esse processo gera radicais livres em excesso, que o corpo não consegue eliminar totalmente, resultando em estresse oxidativo. Tal desequilíbrio afeta as células beta do pâncreas (que produzem insulina), reduz a expressão dos receptores GLUT-4 (responsáveis por transportar glicose para dentro dos músculos e da gordura) e altera as vias que regulam a ação da insulina.[16] Com o corpo menos capaz de usar esse hormônio, há uma elevação do açúcar na corrente sanguínea, aumentando os riscos de diabetes e síndrome metabólica.

Ainda dentro do grupo de disfunções metabólicas, temos a obesidade. A ciência mostra que ela está mais conectada com o estresse do que parece. Quando estamos estressados, é comum recorrermos à comida como forma de conforto, especialmente alimentos ricos em açúcar, gordura ou calorias.[17] Além disso, o estresse afeta áreas do cérebro responsáveis por nos ajudar a tomar boas decisões e a manter o autocontrole, o que pode tornar mais difícil resistir a esses alimentos ou à vontade de comer mesmo sem fome.[18] Também nos sentimos mais cansados, reduzindo a disposição para fazer exercícios e atrapalhando o sono. Tudo isso contribui para o ganho de peso.

Mas não para por aí. A ativação do eixo HHA, que regula a liberação de hormônios do estresse, influencia áreas do cérebro ligadas à sensação de recompensa, fazendo com que a gente precise comer cada vez mais para se sentir bem.[19] Há ainda indícios de que o estresse afeta a saúde do nosso intestino, o que pode influenciar o metabolismo.[20] O estresse altera ainda a produção de substâncias como a leptina, a grelina e o neuropeptídeo Y, todas envolvidas na fome, saciedade e armazenamento de gordura, o que leva a uma perda da capacidade de perceber quando já comemos o suficiente.[21] Ou seja, o estresse mexe tanto com o nosso comportamento alimentar quanto com o funcionamento do nosso corpo, e isso pode aumentar o risco de obesidade.

ESTRESSE E SAÚDE MENTAL

Você acharia estranho se eu te contasse que a origem dos transtornos mentais pode não estar no cérebro? Um estudo feito com mais de 160 mil pessoas mostrou que a saúde física precária, particularmente dos sistemas imune e do metabolismo, é uma manifestação mais marcante de doença mental do que as próprias alterações cerebrais.[22] Pessoas com doenças crônicas como diabetes e doença cardíaca também apresentam maior risco de depressão.[23]

Assim como uma saúde física frágil é um risco para doenças mentais, a presença de doenças mentais reduz, em muito, a saúde física. Um estudo dinamarquês com mais de 7 milhões de pessoas mostrou que indivíduos com qualquer transtorno mental apresentaram maior risco de morrer, sendo as doenças cardíacas a principal causa de morte. Também apresentam uma expectativa de vida 7 a 10 anos menor do que a população em geral.[24]

Quando falamos de medicina *mente corpo*, é exatamente a essa íntima interação que estamos nos referindo. Alguns pesquisadores têm levantado a bandeira de que as doenças mentais são, na verdade, manifestações cerebrais dos distúrbios do metabolismo relacionados com o mau funcionamento das mitocôndrias[25] e com a inflamação crônica de baixo grau.[26] De fato, pessoas com síndrome do estresse pós-traumático apresentam níveis significativamente elevados de marcadores pró-inflamatórios, como interleucina-1-beta, interleucina-6, fator de necrose tumoral-alfa e proteína C-reativa.[27] Essas moléculas afetam diretamente a comunicação entre os neurônios e a capacidade do cérebro de se adaptar, a neuroplasticidade. Além disso, aumentam a permeabilidade da barreira hematoencefálica (que normalmente protege o cérebro), permitindo a entrada de células inflamatórias do sangue. Esse processo intensifica ainda mais a inflamação, que prejudica as conexões cerebrais, especialmente em áreas ligadas à regulação do humor.

Outra consequência importante é que essas citocinas alteram o metabolismo do triptofano, desviando-o da produção de serotonina para a produção de quinurenina, uma substância que, ao ser metabolizada, pode gerar compostos tóxicos para o cérebro. Isso reduz a regeneração de neurônios no hipocampo e compromete a ação da serotonina e da dopamina – dois neurotransmissores fundamentais para o prazer, a motivação e o bem-estar.[28] Toda essa cascata de alterações promovida pelo estresse prolongado faz com ele seja fortemente associado às origens ou agravamento da depressão.

Acho que já deu para perceber os impactos do estresse crônico como amplificador das doenças mentais, não é mesmo?

Além da inflamação, o estresse também pode provocar mudança no funcionamento de genes específicos que são importantes para o nosso humor. Alguns deles estão envolvidos na ação da serotonina. Outros genes afetados pelo estresse estão ligados à produção e à ação de neurotrofinas, substâncias que ajudam as células do cérebro a crescer, sobreviver e funcionar bem. Essas alterações podem interferir na forma como esses sistemas funcionam no sistema nervoso central, aumentando o risco de desenvolver depressão.[29]

Quando o assunto é ansiedade, as associações com o estresse estão ainda mais presentes. Alguns mecanismos justificam essa correlação, começando pela maior ativação dos eixos HHA e do sistema renina-angiotensina, que aumentam as respostas associadas ao comportamento ansioso.[30] Já no cérebro, o estresse crônico aumenta o funcionamento da área tegumentar ventral, fortalecendo a atividade da amígdala cerebral e reduzindo a sinalização do sistema endocanabinoide, que teria uma ação calmante na ansiedade.[31]

Transtornos de ansiedade, por sua vez, têm sido associados à hiperatividade do eixo HHA, aumento da atividade inflamatória e aumento do tônus do sistema simpático, o que pode exacerbar a resposta ao estresse e contribuir para a fisiopatologia da ansiedade, causando um ciclo vicioso de ansiedade-estresse-ansiedade.[32]

Estresse ou ansiedade?

Cabe aqui um parêntese, pois muita gente confunde ansiedade e estresse e realmente há uma linha tênue entre esses dois conceitos. O estresse geralmente é causado por um gatilho conhecido, um estressor bem-estabelecido que pode ser curto ou prolongado. Ao passo que a ansiedade é definida por preocupações persistentes e excessivas que não desaparecem mesmo na ausência de um fator desencadeante. A biologia que acontece dentro do nosso organismo quando nos sentimos ansiosos é exatamente a resposta de estresse, só que sem um motivo para ter sido acionada.

Outro aspecto que vale mencionar ainda com relação aos impactos do estresse na saúde mental são as alterações da função cognitiva. Quando estamos estressados, algumas áreas cerebrais têm sua atividade aumentada, podendo inclusive crescer de tamanho, como acontece com a amígdala cerebral. Esse maior funcionamento da amígdala faz com que a gente se mantenha sempre vigilante, como se procurasse o perigo em qualquer lugar. Não conseguimos relaxar. É por causa dessa maior ativação também que podemos sentir medo de forma desproporcional à situação vivenciada.

Outras regiões cerebrais, como o hipocampo e o córtex pré-frontal, ficam com as conexões enfraquecidas e podem atrofiar. São áreas relacionadas com a memória, a capacidade de prestar atenção, planejar e aprender. Essas habilidades ficam reduzidas quando estamos estressados por períodos mais prolongados.[33] Todas essas alterações do funcionamento cerebral são reversíveis quando cultivamos um **Sistema saudável de estresse.**

ESTRESSE E *BURNOUT*

Burnout é um termo que tem ganhado cada vez mais espaço nas conversas sobre saúde mental, especialmente no contexto do trabalho. Mas nem tudo que se diz por aí é *burnout* de fato. Muitas vezes é cansaço, outras vezes é depressão. Pode ser também um desequilíbrio das esferas da vida.

Cansaço é aquela sensação de baixa energia tanto mental quanto física que, com uma boa noite de sono ou um final de semana de descanso, a pessoa se sente energizada e com a vitalidade de volta. Se depois de pausas pequenas ou maiores, um feriadão por exemplo, a sensação de cansaço intenso permanece, trata-se provavelmente de uma exaustão, que pode ser um sintoma de ansiedade, depressão ou mesmo uma questão orgânica como anemia, falta de vitaminas, mau funcionamento da tireoide. Uma série de fatores pode gerar esse cansaço, tanto físico quanto mental ou emocional. Mas pode também ser um sintoma do *burnout.*

A síndrome de *burnout* é uma condição marcada por exaustão profunda – física, mental ou emocional – que surge como resposta a uma exposição prolongada a situações estressantes, especialmente relacionadas à atividade profissional.[34] Apesar de estar sempre ligado ao trabalho, o *burnout* não é causado apenas por ele. Fatores pessoais, contextos sociais e a falta de apoio adequado também influenciam. O importante é entender que o *burnout* é mais do que estar cansado ou sobrecarregado.

Ele envolve três dimensões principais.[35] A primeira é a **exaustão** física, mental e emocional que não passa com descanso. É como se o corpo e a mente estivessem sempre em modo de sobrevivência.

Outra dimensão é o **cinismo ou desumanização**, uma sensação de distanciamento emocional, uma espécie de viver automático. A empatia pelo outro, e muitas vezes por si mesmo, diminui. A pessoa se desconecta das relações e da vida emocional. A terceira dimensão é a **baixa realização profissional**, uma queda no senso de propósito e na identificação com o trabalho. Mesmo que a produtividade continue alta, ela costuma vir acompanhada de falhas, irritabilidade, queda de qualidade e um sentimento crescente de que aquilo não faz mais sentido. O trabalho passa a ser visto apenas como uma obrigação, um meio de pagar boletos e não mais como algo com significado.

Podemos dizer que o *burnout* é o oposto do engajamento.[36] Confundimos *burnout* com o excesso de trabalho, mas na verdade ele também está ligado a uma desconexão daquilo que são os seus valores e coisas que você considera importantes. Isso faz com que a pessoa deixe de estar inteira e presente na execução do seu trabalho e se sinta sem motivação. Essa é uma esfera um pouco mais filosófica da nossa relação com a profissão.

Do ponto de vista biológico, o *burnout* é a manifestação no organismo de um de gasto de energia e desgaste intensos e prolongados resultantes do estresse crônico relacionado ao trabalho – e permeado por outras esferas da vida. O *burnout* não é apenas uma experiência subjetiva de esgotamento, ele também se expressa no corpo por meio de alterações neurológicas e químicas, intimamente relacionadas ao estresse.

A exposição prolongada a situações sobre as quais sentimos não ter controle compromete o funcionamento do córtex pré-frontal. Esse prejuízo é mediado por alterações nos níveis de substâncias como a noradrenalina e a dopamina, o que dificulta o equilíbrio emocional e favorece sintomas como exaustão, distanciamento afetivo e dificuldades de raciocínio. Quando ocorrem de forma prolongada, essas alterações podem levar a perdas de conexões neurais, que revertem quando a sobrecarga diminui.[37] Do ponto de vista da atividade elétrica cerebral, estudos mostram um maior esforço mental mesmo em repouso e respostas mais apagadas a estímulos emocionais, o que justifica o componente de distanciamento emocional característico do *burnout*.[38]

O sistema nervoso autônomo fica desregulado. A atividade parassimpática diminui, enquanto a resposta ao estresse agudo fica anestesiada. Isso pode se manifestar em alterações da variabilidade da frequência cardíaca, pressão arterial elevada e menor resposta de adrenalina, fatores que aumentam o risco cardiovascular.[39]

Além disso, há aumento de marcadores inflamatórios no sangue, alterações metabólicas (como glicemia e colesterol elevados) e distúrbios do sono, especialmente insônia. Esses sinais refletem uma sobrecarga alostática, que contribui para o risco aumentado de doenças como a síndrome metabólica.[40] Embora existam indícios de alterações imunológicas e hormonais adicionais, como nos eixos da tireoide e prolactina, os dados ainda são inconsistentes e não há um marcador biológico específico confiável para o diagnóstico. Não tem exame de sangue para dizer que é *burnout*!

Alguns sinais de alerta de que podemos estar caminhando para um *burnout* podem ser observados em pequenas ações do dia a dia. Mudanças no padrão da alimentação, como pular o horário das refeições, consumir comida "mais rápida" para não perder tempo ou abusar de substâncias que dão energia, como cafeína e doces, acendem um sinal amarelo. Desorganização do sono, com horários irregulares, usar tempo de dormir para terminar "só mais uma tarefa" ou sentir que o sono é agitado e insuficiente para descansar também são pistas importantes. Sinais vermelhos são quando perdemos o interesse nas atividades que antes nos davam prazer ou deixamos de ter vontade de estar com as pessoas de quem gostamos. Quando tudo isso é substituído por um foco excessivo no trabalho, o sinal toca ainda mais alto.

A grande questão que envolve o *burnout* é um desequilíbrio da distribuição de energia. Quando a maior parte do foco está no trabalho e sobra pouco para outras esferas como cuidar de si, nutrir as relações e ter momentos de lazer e descanso, as chances de adoecermos são grandes. Mesmo que a gente goste muito do que faz, quando o fazemos por doze, quinze horas no dia, é impossível não perder o prazer.

Mudar essa realidade começa por reconhecer que estar sempre exausto não é um sinal de sucesso. O cuidado com a saúde mental precisa deixar de ser um luxo ou um último recurso e passar a ser uma prática constante. Afinal, ninguém sustenta por muito tempo uma vida vivida à beira da exaustão.

ESTRESSE E CÂNCER

Cuido de muitas pessoas para melhorar a qualidade de vida delas durante o tratamento do câncer. Por várias vezes já as ouvi dizerem que foi o estresse que causou a doença. Hoje em dia não temos nenhuma pesquisa científica robusta que mostre essa associação direta, mas há, sim, estudos mostrando que as alterações causadas pelo estresse no funcionamento do corpo estão entre um dos muitos fatores que podem contribuir para o desenvolvimento do câncer.

O processo de estresse persistente tem efeito imunossupressor, o que significa que as células do sistema de defesa que identificam e neutralizam as células tumorais estão reduzidas em número e em função. Além dessa menor capacidade do organismo de eliminar as células tumorais, devido a um funcionamento prejudicado do sistema imune, o estresse crônico também causa um aumento da produção das substâncias inflamatórias, e a inflamação é uma das marcas registradas do câncer.[41]

As substâncias liberadas pela resposta de estresse contribuem para o desenvolvimento e o crescimento tumoral, já que as catecolaminas (como a adrenalina) estimulam a proliferação e a divisão celular e o cortisol ativa as vias MAPK e AKT, contribuindo também para a proliferação celular.[42] Assim o estresse permite tanto que as células tumorais escapem do sistema imunológico quanto aumentem em quantidade.

Por sua vez, o câncer também promove a produção de substâncias inflamatórias, causando inflamação no sistema nervoso central. Isso faz com a resposta de estresse fique cada vez mais intensa, criando um ciclo vicioso.[42]

Outro importante componente para o desenvolvimento do câncer são as alterações do material genético da célula. O processo crônico de estresse, como veremos com mais detalhes a seguir, causa dano ao DNA, alteração da expressão de genes que aumentam a inflamação, tais como NFkB, MTOR, STAT3,[43] e a supressão do gene p53[44] – que nos protege do câncer.

Com menor capacidade de defesa, alterações na expressão dos genes e um caldo inflamatório duradouro, o organismo cronicamente estressado se torna um ambiente favorável ao desenvolvimento do câncer. E o câncer, por sua vez, torna o organismo ainda mais estressado.

ESTRESSE E EPIGENÉTICA

De um mesmo piano pode sair rock, jazz, bossa nova ou música clássica. As teclas não mudam, mas o conteúdo produzido depende de quais teclas são tocadas e em qual sequência. A mesma coisa acontece com o nosso DNA. Vários processos dentro do organismo dependem de quais genes se encontram ligados e quais estão desligados a cada momento. Epigenética é o jeito como o ambiente e o nosso estilo de vida "conversam" com os nossos genes para decidir qual tecla será tocada. Isso acontece através de processos como modificação das histonas e metilação do DNA. Explicando de um jeito simples, é como se o material genético se enrolasse ou desenrolasse, como o fio dos telefones antigos, expondo ou escondendo os genes. São alterações químicas que regulam a função dos genes sem alterar o código genético.

Vários fatores, como alimentação, atividade física, sono, relações sociais e exposição a toxinas, podem ativar ou silenciar genes ao longo da vida. O estresse é mais um desses fatores importantes. Um dos mecanismos pelos quais isso acontece parece ser pelo aumento do cortisol.[45]

Eu já te ensinei que quando estamos estressados o gene NFkB é ligado, e ele está intimamente relacionado com o processo de inflamação, contribuindo para o desenvolvimento das doenças que vimos até aqui. Outros genes, por sua vez, têm a ação reduzida, como alguns envolvidos com a defesa contra vírus e com a produção de anticorpos de defesa,[46] o que contribui ainda mais para o risco aumentado de infecções durante períodos de estresse prolongado.

Algumas pesquisas com ratas mostram como o cuidado recebido logo no comecinho da vida pode influenciar o jeito como esses animais lidam com o estresse quando crescem, e isso acontece por um mecanismo epigenético.[47] Algumas mães ratas cuidam muito dos seus filhotes – lambem bastante, ficam mais próximas, limpam com frequência. Outras cuidam menos, com menos lambidas e higiene. Essa diferença no cuidado é fundamental.

As filhotes que receberam *pouco cuidado materno* desenvolveram no cérebro, mais especificamente no hipocampo, uma menor ativação de um gene importante para controlar o estresse. O gene NGF1-A fica "silenciado" pelo processo de metilação – uma espécie de trava química que o impede de funcionar bem e reduz a expressão dos receptores de glicocorticoides. Resultado? Essas ratas, quando adultas, ficam mais ansiosas, têm níveis mais altos de hormônios do estresse circulando no corpo e, quando viram mães, também cuidam menos de suas próprias crias.

Já as filhotes que receberam *muito cuidado* das mães crescem com esse mesmo gene funcionando mais, porque a tal trava química não foi acionada. Com isso, o cérebro delas consegue regular melhor o estresse: elas ficam menos ansiosas, produzem menos hormônio do estresse e, quando viram mães, repetem o cuidado carinhoso que receberam. Esse estudo ajuda a mostrar como as experiências no começo da vida influenciam o corpo e o comportamento – até de uma geração para a outra.[48]

O estresse também impacta nosso material genético através dos telômeros. Essas estruturas que ficam nas pontas das fitas de DNA funcionam como aquela capinha de plástico que mantém o cadarço do tênis íntegro. Conforme os telômeros reduzem de tamanho, a célula recebe um sinal de que está envelhecendo, até que chega sua hora de entrar em apoptose – morrer. Uma das pesquisadoras do estresse da qual sou mais fã, a Elissa Epel, mostrou que, quanto mais estresse crônico vivemos, maior é a velocidade de encurtamento dos nossos telômeros e mais rapidamente as células envelhecem.[49]

Esse dano aos telômeros, causado pelo estresse, acontece por alguns mecanismos. Um deles é o aumento dos radicais livres causados pela maior atividade das mitocôndrias. Essas substâncias danificam diretamente os telômeros e inibem a atividade da telomerase – enzima que os restaura. Ambos contribuem para telômeros curtos e disfuncionais. O cortisol, liberado na resposta de estresse, também pode inibir diretamente a atividade da telomerase. Células envelhecidas, causadas por telômeros disfuncionais, são mais propensas a oxidar e a inflamar, causando um ciclo negativo no processo de adoecimento.[50]

EM RESUMO

O estresse prolongado pode afetar o corpo de várias maneiras, influenciando o metabolismo, estimulando processos inflamatórios e até interferindo em nossa saúde genética. Essas alterações podem aumentar os riscos de algumas condições, incluindo aquelas relacionadas à inflamação, infecções e ao envelhecimento precoce. O estresse tóxico pode ainda elevar em até 2,5 vezes nosso risco de morrer por qualquer causa.[51] Por isso, cuidar dele é uma forma importante de promover saúde e bem-estar ao longo da vida.

E não é tão difícil. Seu acúmulo no organismo começa a dar sinais bem antes de adoecermos. Por isso eu sugiro que de tempos em tempos você faça um inventário de como o estresse se apresenta para você. Estar atento a quais são os nossos sinais de alerta ajuda a encontrar novos caminhos para o cultivo da saúde.

Depois que eu aprendi a ter um **Sistema de estresse mais saudável**, através da Abordagem S.E.R., meu corpo se tornou mais resistente, minhas emoções mais doces e minha mente mais criativa. Reencontrei o prazer no exercício da medicina e reconheci que ser médica é algo que me faz feliz. Eu encontrei esse caminho principalmente através da meditação. Mas existem muitas formas de reverter os prejuízos do estresse crônico, e é isso que vou te ensinar nos próximos capítulos.

ESTRESSE AGUDO	ESTRESSE CRÔNICO
Aumento da PA: + sangue circulando	Doença cardiovascular
Maior coagulação: - sangramento	AVC, TVP, infarto
Resistência à insulina: + açúcar para o cérebro	Obesidade, diabetes, dislipidemia e doenças metabólicas
Aumento do cortisol: + alerta	Redução da memória
+ cortisol: - hormônios sexuais	Perda da libido, sintomas da menopausa
Desvio do fluxo do TGI	Indigestão, constipação, SII
Cérebro emocional ativo	Ansiedade e medo
Inflamação: maior função do sistema imune	Doenças autoimunes, infecção de repetição

FIGURA 6 Diferenças fisiológicas entre estresse agudo e estresse crônico

AVC: acidente vascular cerebral; PA: pressão arterial; SII: síndrome do intestino irritável; TGI: trato gastrointestinal; TVP: trombose venosa profunda.

Inventário de sinais do estresse

Cada um de nós tem uma impressão digital do estresse, um conjunto único de manifestações físicas, emocionais, mentais e comportamentais, nas mais diversas combinações. O primeiro passo para uma vida mais leve é reconhecer quais são os nossos sinais de que estamos estressados.

Compilei em um inventário os sinais e sintomas que vejo com mais frequência quando atendo no meu consultório pessoas acometidas pelo estresse crônico, além daquelas manifestações que aparecem em livros médicos e artigos científicos. Reserve alguns momentos para refletir e marque neste inventário como o estresse aparece em você.

(continua)

(continuação)

<table>
<tr><td colspan="2">Marque os sintomas que você apresentou por 4 ou mais vezes na semana no último mês:</td></tr>
<tr><td colspan="2">Sintomas físicos</td></tr>
<tr><td>( ) Dor de cabeça
( ) Indigestão
( ) Dor de estômago
( ) Suor nas mãos
( ) Dificuldade para dormir
( ) Tontura</td><td>( ) Dor nas costas
( ) Tensão no pescoço/ombros
( ) Coração acelerado
( ) Cansaço
( ) Inquietação
( ) Zumbido no ouvido</td></tr>
<tr><td colspan="2">Sintomas comportamentais</td></tr>
<tr><td>( ) Aumento do consumo de cigarro
( ) Atitude autoritária
( ) Mascar chiclete compulsivamente
( ) Atitude crítica</td><td>( ) Ranger os dentes à noite
( ) Uso excessivo de álcool
( ) Comer compulsivamente
( ) Incapacidade de concluir projetos</td></tr>
<tr><td colspan="2">Sintomas emocionais</td></tr>
<tr><td>( ) Choro inexplicado
( ) Angústia, ansiedade
( ) Tédio, sem ver sentido nas coisas
( ) Nervosismo, se sentindo a ponto de explodir
( ) Sensação de impotência para mudar as coisas</td><td>( ) Sensação esmagadora de pressão
( ) Raiva
( ) Solidão
( ) Tristeza sem razão de ser
( ) Se sentir facilmente chateado</td></tr>
</table>

(continua)

(continuação)

Sintomas cognitivos	
( ) Dificuldade de pensar com clareza ( ) Esquecimento ( ) Falta de criatividade ( ) Perda de memória	( ) Indecisão ( ) Vontade de fugir ( ) Aborrecimento constante ( ) Perda do senso de humor
Sintomas espirituais	
( ) Vazio ( ) Perda de sentido ( ) Dúvida ( ) Martírio ( ) Apatia	( ) Perda de direção ( ) Cinismo ( ) Não perdão a si ou aos outros ( ) Necessidade de se provar
Sintomas relacionais	
( ) Isolamento ( ) Intolerância ( ) Ressentimento ( ) Solidão ( ) Desconfiança ( ) Dissimulação ( ) Se fechar em si mesmo ( ) Desejo sexual reduzido	( ) Ser ranzinza com os demais ( ) Ausência de intimidade ( ) Usar as pessoas ( ) Pouco contato com os amigos ( ) Agressão frequente

7

O bombeiro, o executivo e a monja

Sou uma alma inquieta. Gosto de plantas, bordado, amo aprender sobre qualquer coisa. Tenho uma amiga, a Mari, que me chama de a louca dos cursos (assim como eu, ela não pode ver uma inscrição aberta que já se matricula).

Esse traço também se reflete no meu trabalho. Vou abraçando toda e qualquer atividade que cai no meu colo – mais uma aula, outra função na gestão da clínica, um período extra no consultório. Quando dou por mim, estou esgotada fisicamente, emocionalmente frustrada por não ter colocado limites mais claros e mentalmente sobrecarregada com a sensação de que não darei conta de tantas demandas. Fico estressada.

Com o tempo – e com o psicólogo Paul Gilbert –, aprendi que nossas emoções são reguladas por três sistemas fundamentais, cada um responsável por tarefas essenciais à nossa sobrevivência.[1] A primeira delas é detectar ameaças e ativar comportamentos de defesa, a segunda tarefa é identificar oportunidades e adquirir os recursos necessários para viver e reproduzir. A terceira é reconhecer e responder a oportunidades de descanso seguro, conexão e comportamentos regenerativos.

A tarefa de **detecção de ameaças** acontece através do **sistema de estresse**. Gosto de pensar nesse sistema com o **bombeiro** do nosso corpo, sempre alerta e pronto para a ação. Tem como propósito a defesa e a prevenção de danos. Nos coloca em prontidão, focados em controlar, defender, atacar, lutar ou fugir. Embora desconfortáveis, essas reações são extremamente úteis em situações de perigo real. Esse modo de funcionamento vem acompanhado de emoções intensas como medo, ansiedade, raiva, insegurança, sensação de sobrecarga e isolamento.

Nesse sistema, a detecção e resposta à ameaça é o que nos permite reagir rapidamente, como fugir de um incêndio ou se resguardar de um ataque. Também mantemos monitoramento constante do ambiente para garantir que não há perigo à vista e buscamos por segurança, como quando fazemos um movimento ativo de procurar abrigo (como correr para casa). Esses processos são coordenados pelo cérebro reativo e vias da resposta de estresse, como a amígdala, o eixo HHA e o sistema nervoso simpático. Aqui predominam cortisol e adrenalina.

Quando o sistema de ameaça está ligado, o cérebro reativo assume o controle, priorizando a sobrevivência acima de tudo. Nesse estado, nossa atenção se estreita e fica voltada quase exclusivamente para identificar e neutralizar riscos, deixando em segundo plano outras possibilidades, como conexões, aprendizados ou oportunidades de crescimento. Nos colocamos em comportamentos de agressividade ou de evitação. Algumas pessoas têm esse sistema especialmente sensível, e ele se ativa com facilidade mesmo na ausência de perigos concretos. Nesses casos, é comum que surjam sentimentos recorrentes de ansiedade, desconfiança e uma dificuldade maior de se sentir seguro no mundo. Um **Sistema de estresse saudável** nos permite ser resilientes, corajosos e perseverantes, porém em excesso gera antecipação, ruminação e adoecimento mental e físico.

Outra função fundamental que nos permite manter a vida é explorar o ambiente e **buscar recursos** necessários para a sobrevivência, como alimento, abrigo e reprodução da espécie. Além desses recursos mais físicos, buscamos também os sociais, através do reconhecimento do nosso valor e de relações que tragam alegria e excitação. Esse é o **sistema de motivação** e recompensa. Seria o **executivo** do organismo, um CEO focado nas conquistas.

Seu funcionamento é coordenado por uma região cerebral chamada sistema mesolímbico, que inclui núcleo *accumbens*, *striatum* e gânglios da base. A principal substância envolvida é a dopamina. Quando ativado, esse sistema nos faz superar desafios, cumprir metas, competir, obter êxito. Seu objetivo é garantir que tenhamos recursos disponíveis para usar no futuro. Está associado a emoções como admiração, alegria, surpresa e prazer. Nos permite estar engajados e faz com que a gente queira se aproximar e explorar as situações. Esse sistema traz entusiasmo, vitalidade e determinação. Quando em equilíbrio, nos permite sentir confiança, conquistar objetivos, ser curioso e se sentir motivado. Por outro lado, quando em excesso, leva à sobrecarga de trabalho, busca pela perfeição, compulsão e distração dos nossos objetivos, já que ficamos direcionados na busca pelo prazer. Acabamos fazendo de tudo para caber nos modelos sociais propostos.

Apesar de muita gente nos considerar uma sociedade estressada, acredito que vivemos em uma cultura que força nosso sistema de motivação muito além do que é saudável. Sinto afinidade com o pensamento do filósofo contemporâneo Byung-Chul Han, que diz que a pressão de desempenho em que vivemos nos torna exploradores de nós mesmos e com isso nossa alma adoece.[2] A dopamina é a molécula do desejo, e precisamos de pouco estímulo para liberá-la. Mas a sua ação também é curta. Ou seja, estamos sempre em busca de mais e constantemente insatisfeitos. Nos impomos um fazer sem fim, com a ilusão de sermos multitarefas e incansáveis. Dessa forma ativamos intensamente os sistemas de estresse e de motivação, em que há grande consumo de energia. Nesses dois sistemas operamos no **modo fazer**.

Essa realidade nos atinge a todos, mas em especial a mulher brasileira. No relatório *Esgotadas*,[3] produzido através de uma pesquisa realizada em 2023 pela Think Olga com mulheres nos quatro cantos do país, mais da metade das brasileiras cotidianamente se sentem estressadas e ansiosas e uma grande parcela também percebe irritabilidade e fadiga frequentes. Essa pesquisa ainda mostra que a situação financeira é o que mais gera insatisfação para as brasileiras atualmente e pressiona muito mais a vida das mulheres negras e pobres, além de uma árdua jornada de trabalho somada ao cuidado doméstico (casa e família) invisibilizados pela nossa sociedade. Tudo isso impacta grandemente na hiper-reatividade dos sistemas de estresse e motivação. Tenho muito claro que são questões de saúde pública e como tais precisam ser tratadas.

O cuidado com o estresse, em grande parte, envolve os determinantes sociais de saúde.[4] Eles são as condições em que as pessoas nascem, crescem, vivem, trabalham e envelhecem, bem como seu acesso a poder, dinheiro e recursos. Como o próprio nome diz, exercem uma forte influência nas desigualdades em saúde. São as diferenças injustas e evitáveis no contexto da doença observadas dentro de países e entre eles. Quando o assunto é estresse, apesar de ações individuais serem positivas e o começo do caminho do cuidado, é nas medidas coletivas que encontraremos soluções mais robustas para um problema tão complexo.

A terceira tarefa essencial à nossa sobrevivência, muitas vezes esquecida por nós, é reconhecer e responder a oportunidades de **descanso e conexão**. Nosso **sistema de calma e satisfação** é ativado quando nos sentimos seguros e todas as nossas necessidades estão atendidas, portanto não precisamos fazer nada. É o **modo estar** em que podemos relaxar e não precisamos consertar, mudar, resolver ou fazer nada. Nossa **monja** interior, aquele estado tranquilo e reconfortante em que podemos relaxar. Gera sensação de estabilidade e proteção e está associado a emoções como amabilidade, afeto, apreço, gratidão e contentamento. Nosso comportamento fica voltado à cooperação, cuidado e compaixão. É quando esse sistema está ativo que podemos contemplar, estabelecer vínculos significativos e o corpo é capaz de se restaurar e regenerar.

O sistema da calma está muito relacionado com a **segurança**. Diferente da defesa que está mais voltada a evitar ameaças, a proteção nos oferece a sensação de que temos recursos internos e externos para lidar com os desafios da vida. Esse estado é mediado pelo cérebro adaptativo e a resposta de relaxamento, com atividade do córtex pré-frontal, sistema parassimpático e nervo vago. Está associado à calma, ao vínculo e ao sentimento de estar amparado.[5]

Além da segurança física, nesse sistema há a proteção social, que nasce das relações de cuidado e afeto, como aquelas entre cuidadores e crianças, ou entre amigos próximos. Ela ativa hormônios como a ocitocina, neurotransmissores como a serotonina e as substâncias endocanabinoides. Também envolve circuitos neurais ligados à compaixão. Se nos sentimos protegidos, conseguimos explorar, aprender e até mesmo enfrentar situações difíceis com mais confiança. Esse estado de proteção não apenas nos acalma; ele também cria as condições ideais para que terapias, mudanças de hábito e enfrentamentos emocionais se tornem mais eficazes e duradouros.[6]

Quando em equilíbrio, o sistema da calma permite colaboração, trabalho em equipe, gentileza, calma, autocuidado e cuidado do outro, porém quando em excesso esse sistema pode nos levar ao desinteresse e à procrastinação. O **Estímulo ao descanso profundo**, um dos pilares da **Abordagem S.E.R.**, nos permite regular esse sistema, e veremos em mais detalhes na próxima parte do livro.

Teste: Como você está – bombeiro, executivo ou monja?

Para cada item, marque a alternativa que mais se aproxima de como você tem se sentido ou agido *nas últimas semanas.*

1. Quando enfrento um desafio no trabalho ou na vida pessoal, minha primeira reação costuma ser:

(A) Imaginar tudo que pode dar errado e me preparar para o pior.

(B) Ver isso como uma oportunidade de crescer e mostrar meu valor.

(C) Me perguntar como posso passar por isso com leveza e apoio.

2. Quando tenho um tempo livre:

(A) Aproveito para resolver pendências ou pensar no que ainda falta fazer.

(B) Aproveito para começar algo novo ou planejar minhas próximas metas.

(C) Gosto de relaxar, conversar com alguém querido ou fazer algo prazeroso sem pressa.

3. Costumo me sentir mais cansado(a) por:

(A) Estar sempre alerta e preocupado(a).

(B) Estar sempre correndo atrás de algo.

(C) Sentir o peso emocional das pessoas à minha volta.

4. Meu maior medo, atualmente, é:

(A) Que algo ruim aconteça e eu não esteja preparado(a).

(B) Ficar parado(a) e não realizar meu potencial.

(C) Ficar sozinho(a) ou perder o vínculo com quem eu amo.

5. Me sinto mais seguro(a) quando:

(A) Tenho controle da situação.

(B) Estou em movimento, agindo, fazendo.

(C) Estou em contato com pessoas queridas ou com a natureza.

(continua)

(continuação)

Resultado:

- **Maioria A – o bombeiro está no comando!**
  Seu **Sistema de Estresse** parece estar mais ativado no momento. Isso é comum em períodos de sobrecarga, incerteza ou tensão prolongada. Esse sistema é essencial para nos proteger, mas quando assume o controle por muito tempo pode gerar desgaste e ansiedade.
  → Convite: observe o que acende esse alarme em você e experimente estratégias que promovam segurança e cuidado.
- **Maioria B – o executivo está à frente!**
  Seu **Sistema de Motivação** está predominando agora. Ele traz foco, ação e ambição – ótimo para metas e realizações. Mas, se ficar ativo demais, pode gerar exaustão, impaciência ou frustração.
  → Convite: avalie se há espaço para pausas, prazer e conexões além da produtividade.
- **Maioria C – a monja está presente!**
  Seu **Sistema de Calma e Satisfação** está mais acessível neste momento. Esse sistema favorece o relaxamento, o afeto e a recuperação. Que bom! Só cuide para que esse estado não seja usado como fuga ou evite lidar com algo importante.
  → Convite: nutra esse espaço de presença e veja como ele pode equilibrar os outros dois sistemas.

Importante:
Esse resultado não define quem você é, mas aponta qual sistema emocional está mais ativo agora. Nossos estados emocionais mudam com o contexto, e todos os três sistemas são necessários para uma vida equilibrada. O objetivo não é eliminar nenhum deles, mas aprender a reconhecer e regular suas intensidades para que trabalhem em harmonia.

Os três sistemas emocionais, bombeiro, executivo e monja, funcionam de forma interligada. Quando reconheci que minha inquietação e curiosidade deixavam meu sistema de motivação muito ativado, comecei a estudar sua interação com o estresse e descobri que ela é muito íntima. Um sistema de recompensa hiperativado nos torna excessivamente autocríticos, e a frustração por não alcançar o que buscamos pode gerar uma sensação de ameaça social, acionando a resposta ao estresse. Além disso, níveis elevados de dopamina podem inibir nossa capacidade de responder de forma saudável a estímulos sociais e ambientais, favorecendo o retraimento, a apatia e a desconexão, justamente o oposto do que precisamos para nos recuperar do estresse.[7]

A dopamina costuma ser lembrada como o "neurotransmissor do prazer", mas sua função vai muito além disso e nem sempre é positiva. Estímulos excessivos nos receptores de dopamina, especialmente no córtex pré-frontal, podem levar a disfunções cognitivas e emocionais como prejuízos na memória de trabalho, dificuldade para manter o foco e perda do pensamento flexível, o que torna mais difícil nos adaptarmos aos desafios e pressões.[8] Outro efeito preocupante é que a exposição repetida a picos de dopamina pode sensibilizar o sistema de resposta ao estresse, levando o corpo a liberar mais cortisol do que o necessário diante de novos desafios.[9] Esse padrão de hiper-reatividade cria um ciclo vicioso: o corpo responde com mais intensidade a cada novo estressor, o que aumenta o desgaste físico e emocional. Quando a dopamina ultrapassa certos limites, especialmente em regiões sensíveis como o córtex pré-frontal, ela passa a contribuir para a desorganização mental, o esgotamento emocional e até mesmo sintomas físicos do estresse.

Por outro lado, em situações de estresse agudo, como um desafio momentâneo, o cérebro ativa áreas específicas envolvidas no sistema de recompensa. Isso leva a um aumento pontual na liberação de dopamina, o que nos deixa mais atentos, favorece o aprendi-

QUADRO 3 Três sistemas emocionais

Aspecto	Sistema de ameaça (estresse)	Sistema de motivação (recompensa)	Sistema de calma (vínculo)
Função principal	Detectar perigos e ativar respostas de defesa	Buscar recursos, conquistar objetivos	Promover conexão, descanso e regeneração
Arquétipo simbólico	Bombeiro	Executivo	Monja
Modo de funcionamento	Fazer	Fazer	Estar

(continua)

QUADRO 3 Três sistemas emocionais (*continuação*)

Aspecto	Sistema de ameaça (estresse)	Sistema de motivação (recompensa)	Sistema de calma (vínculo)
Estado predominante	Vigilância/alerta	Excitação/realização	Segurança/ contentamento
Emoções associadas	Medo, ansiedade, raiva, insegurança, sobrecarga	Entusiasmo, prazer, alegria, admiração	Amabilidade, afeto, contentamento, ternura
Regiões cerebrais/ substâncias principais	Amígdala, eixo HHA, simpático, cortisol, adrenalina	Sistema mesolímbico, dopamina	Córtex pré-frontal, parassimpático, nervo vago, ocitocina, serotonina, endocanabinoides
Comportamentos típicos	Luta, fuga, evitação, agressividade, controle	Exploração, competição, produtividade	Cooperação, cuidado, compaixão, contemplação
Riscos quando hiperativado	Ansiedade, desconfiança, fadiga	Compulsão, perfeccionismo, esgotamento	Procrastinação, passividade excessiva

HHA: hipotálamo-hipófise-adrenal.

zado e nos prepara para reagir com agilidade, por exemplo, fugindo ou enfrentando uma ameaça.[10] No entanto, o estresse crônico ou repetitivo altera esse sistema de forma menos adaptativa. Com o tempo, ele pode diminuir a sensibilidade à recompensa, dificultar o aprendizado, afetar a motivação e aumentar o risco de transtornos como depressão e dependência química.[8] Isso ocorre porque o funcionamento da dopamina se torna instável – em algumas regiões do cérebro ela pode estar hiperativa; em outras, reduzida. Além disso, o excesso de dopamina em certas áreas, como a amígdala ou o córtex pré-frontal, pode tornar o cérebro mais vulnerável ao uso de substâncias tóxicas como forma de "alívio", levando a vícios. A vulnerabilidade a esse tipo de desregulação pode ser maior em pessoas com predisposição genética, experiências adversas na infância ou traços de personalidade mais sensíveis ao estresse.[11]

O sistema da motivação também está ligado ao sistema da calma, embora essa relação nem sempre seja harmoniosa. Quando nossa sensação de recompensa está baseada principalmente na conquista de bens, *status* ou experiências imediatas, o chamado prazer hedônico, entramos em um ciclo constante de busca. Assim que alcançamos um objetivo, surge rapidamente o desejo por outro e o sistema da calma permanece inativo, pois nunca há uma verdadeira pausa para contentamento. Em contraste, o prazer eudaimônico – aquele que surge da vivência de valores mais profundos, como propósito, generosidade, pertencimento e crescimento pessoal – promove uma sensação de plenitude mais duradoura. Ele nos permite sentir satisfação mesmo na ausência de estímulos externos intensos, tornando possível ativar o sistema da calma com mais frequência e estabilidade. Essa visão está alinhada com ensinamentos budistas, que apontam a incessante insatisfação como uma das principais fontes do sofrimento humano. Aprender a cultivar estados de calma e contentamento pode ser, portanto, uma via potente para uma vida mais equilibrada e verdadeiramente feliz.

Parte 2

Estímulo ao descanso profundo

FOCO

- Criar condições para que o corpo e a mente entrem em estados biológicos restaurativos.

ESTRATÉGIAS

- Estar seguro e se sentir seguro.
- Espaços de silêncio e pausa na rotina.
- Técnicas que induzem à resposta de relaxamento.

8

Descanso profundo: uma diástole necessária

Uma das coisas mais impressionantes que já vi na vida foi um coração batendo em peito aberto. É de uma beleza indescritível. A vivacidade da cor, permeada pela força das contrações – as sístoles – ejetando o sangue com muita potência para o corpo todo. Seguidas de perto pela delicadeza das diástoles – o relaxamento dos músculos cardíacos –, que permite que ele se encha de sangue, para novamente contrair e jorrar vida.

Há tempos li um editorial de uma importante revista médica científica, *JAMA*, que comparava o trabalho e o descanso com a sístole e a diástole cardíacas.[1] O texto dizia que, apesar de a contração do coração (que joga o sangue para o corpo) ser empolgante, é na diástole, no repouso, que a vida se torna possível. Se houver apenas tensão, não se cria o espaço vazio para o coração encher de sangue e assim não há conteúdo para mandar para o corpo na próxima batida.

Me pego aqui refletindo quantos de nós vivemos apenas em sístole!

A preocupação constante, os empregos que acumulamos para dar conta das obrigações financeiras, os momentos que perdemos com nossos amigos queridos para atender a mais um chamado do trabalho. Os natais e feriados que deixamos de estar, de fato, presentes com quem amamos, pois nossa cabeça está em outro lugar, apesar de o corpo estar ali na festa. Converso com muitas pessoas que nem se dão conta do volume de estresse que carregam. Aprendemos que a vida é sacrifício e produtividade e, assim, naturalizamos a sobrecarga física e mental.

Embora cada vez mais se fale sobre a importância do adequado gerenciamento do estresse, esquecemos de contar para nós mesmos sobre os malefícios de uma "vida sistólica". Como vimos na primeira parte deste livro, o estresse prolongado se torna tóxico ao organismo e aparece como pano de fundo para uma série de doenças extremamente prevalentes nos dias atuais.

Alguns dias me pego irritada com as queixas de algum paciente no consultório, querendo acabar logo com a consulta e sem me sensibilizar muito com o sofrimento alheio. Após anos estudando sobre os efeitos do estresse, mas principalmente sobre os benefícios do relaxamento profundo, se tornou mais fácil me perceber nessa condição.

Hoje é bem claro para mim que quando me sinto dessa forma é porque estou com alguma necessidade não atendida. Pode ser privação de sono, algumas vezes é fome. Na maior parte do tempo é falta de descanso adequado.

Consciente da necessidade de pausas, tenho treinado parar. Boa parte do meu tempo de descanso em casa passo observando o comportamento do Téo, um peludinho que me acompanha há 15 anos. Ele tem alguns rompantes de latido e alerta quando percebe algum movimento pela fresta da porta ou quando vê pela sacada um passarinho voando. Seus pequenos músculos ficam tensos, o rabo ereto, o olhar muito atento. Depois espreguiça, volta para a sua caminha, suspira e dorme tranquilamente, como quem não tem boletos para pagar.

Assim como acontece com o Téo, qualquer ser na natureza tem dois modos básicos de funcionamento, conforme já vimos. Um deles é o de mobilização de energia, a resposta de estresse. É como a sístole do coração. O outro modo é o de economia de energia, a resposta de relaxamento.[2] Poderíamos dizer que é a diástole!

É muito mais do que se sentir relaxado. Acontece toda uma alteração fisiológica que envolve mudanças no funcionamento cerebral (com ativação do córtex pré-frontal e redução dos disparos da amígdala cerebral[3]) e equilíbrio do sistema nervoso autônomo (com aumento da atividade do sistema nervoso parassimpático). Essas modificações fazem com que haja redução do cortisol e adrenalina no sangue, redução do consumo de oxigênio e aumento da acetilcolina e do óxido nítrico, que parecem ser as principais moléculas envolvidas na resposta de relaxamento.[4]

Os músculos relaxam, o coração bate mais calmamente, a respiração fica mais lenta e a pressão sanguínea normaliza.[5] Processos que estavam parados no modo sobrevivência, induzido pelo estresse, voltam a funcionar normalmente, como é o caso da digestão – com aumento da liberação de saliva e suco gástrico e maior movimentação do intestino.[6] O mesmo ocorre com a reprodução devido a um interessante mecanismo: durante o estresse o corpo deixa de produzir hormônios sexuais para produzir cortisol; afinal, quando estamos fugindo do leão, não é hora de fazer neném, certo? Em situação de segurança não precisamos mais de tanto cortisol, e sobram suprimentos para a produção dos hormônios relacionados à reprodução. Há uma série de estudos mostrando que a resposta de relaxamento pode contribuir para o tratamento da infertilidade.[7]

Se colocarmos os olhos num potente microscópico e dermos um grande *zoom*, veremos que a resposta de relaxamento tem sido associada a mudanças genéticas específicas, promovendo a expressão de genes ligados ao metabolismo de energia, à função das mitocôndrias, à secreção de insulina e à manutenção dos telômeros – estruturas essenciais para a longevidade celular.[8] Ao mesmo tempo, reduz a expressão de genes relacionados a processos inflamatórios e ao estresse crônico. Esses efeitos indicam que ela ajuda as mitocôndrias a se tornarem mais resistentes e funciona como um mecanismo de proteção contra os danos causados pelo estresse prolongado, diminuindo o desgaste celular causado pelo estresse oxidativo e controlando inflamações excessivas.[9]

QUADRO 4 Luta-fuga × descanso-digestão

	Resposta de estresse	Resposta de relaxamento
Situação	Ameaça, desafio, incerteza	Segurança, proteção, previsibilidade
Resposta	Luta e fuga	Descanso e digestão
Área cerebral envolvida	Amígdala cerebral	Córtex pré-frontal
Sistema nervoso autônomo	Simpático	Parassimpático

(continua)

QUADRO 4 Luta-fuga × descanso-digestão (*continuação*)

	Resposta de estresse	**Resposta de relaxamento**
Substâncias principais	Cortisol e adrenalina	Acetilcolina e óxido nítrico
Efeitos sistêmicos	▪ Mobilização de energia ▪ Aumento da pressão arterial, frequência cardíaca e respiratória ▪ Tensão muscular ▪ Resistência à insulina ▪ Desvio do fluxo sanguíneo do trato digestivo e pausa no processo de digestão ▪ Ativação do sistema imunológico (inflamatório e de defesa) ▪ Ativação do sistema de coagulação ▪ Vasoconstrição periférica ▪ Alerta mental e hipervigilância	▪ Restauração metabólica ▪ Redução da pressão arterial, frequência cardíaca e respiratória ▪ Relaxamento muscular ▪ Melhor ação da insulina ▪ Maior produção de enzimas digestivas e motilidade do trato digestivo ▪ Redução dos mediadores inflamatórios ▪ Menor ativação e adesão plaquetária ▪ Vasodilatação periférica ▪ Sensação de calma e conexão

A resposta de relaxamento foi descrita pela primeira vez na década de 1970, por um cardiologista da escola de medicina de Harvard, o Herbert Benson, com quem comecei meus estudos nessa área. Quando o conheci, Herbie, como era chamado por seus colegas, era um senhor de olhar doce, pele macia e mente muito afiada. Ele descreveu essa resposta após estudar as variações da pressão arterial de monges em meditação. Mais tarde, percebeu que a mesma biologia também era ligada em diversas atividades, quando se realizava uma ação mental ou física, repetitiva ou sustentada, deixando de lado outros pensamentos de distração. O componente essencial para induzir à resposta de relaxamento é quebrar a cadeia de pensamentos cotidianos, criando um senso de quietude do corpo e da mente.[10] Um **Estímulo ao descanso profundo**.

Se por um lado a ameaça liga a resposta de estresse, por outro, a sensação de segurança liga a de relaxamento. Podemos comparar a intensidade desses diferentes modos de funcionamento do corpo ao botão de volume de uma música: em vez de simplesmente ligar ou desligar, ele opera em uma escala contínua, ajustando-se gradualmente. O sistema nervoso autônomo regula a variação entre estados de ação e recuperação, equilibrando a ativação do sistema nervoso simpático e parassimpático para adaptar o organismo às necessidades do momento.

O contrário de estresse não
é calma. É segurança!

No estado de **alerta máximo**, a ativação simpática domina, preparando o organismo para reagir a desafios intensos – como uma briga, uma situação de perigo imediato ou quando uma pessoa recebe uma notícia inesperada e sente o coração disparar. É a resposta de estresse em sua maior potência. Em um nível um pouco menos exacerbado, o **semialerta contínuo** mantém o simpático ativo, porém sem atingir um pico de estresse. Esse estado é comum em momentos do dia a dia, como lidar com prazos no trabalho ou resolver problemas de casa. Passamos a maior parte do tempo aqui! Já o **estado de descanso** surge quando há uma relação mais equilibrada entre simpático e parassimpático, permitindo que o corpo funcione sem sobrecarga mas ainda com estímulos mentais, como acontece durante uma conversa descontraída após um dia agitado ou em atividades de lazer, como ler um livro ou assistir um filme. O estágio mais intenso de recuperação ocorre no **descanso profundo**, em que o parassimpático assume o controle e desencadeia processos essenciais de restauração celular e regeneração metabólica. Esse estado pode ser acessado durante o sono profundo ou por meio de práticas contemplativas, que induzem à resposta de relaxamento.[11]

Essas práticas são metodologias que promovem a interação entre corpo e mente, ajudando a desenvolver a consciência de si e a autorregulação, o que contribui para um processo de profunda transformação psicológica.[12] Alguns exemplos são a meditação, técnicas de visualização, práticas religiosas ou ainda atividades com movimento como ioga ou tai chi chuan. Tais técnicas se diferenciam do descanso habitual, que ocorre nas pausas e momentos de lazer, pois vão além do simples relaxamento: elas nos conduzem para longe da mente acelerada e sobrecarregada com as demandas do dia a dia. Utilizam estímulos mínimos, em um ambiente onde nos sentimos seguros para desacelerar e soltar as tensões. O descanso profundo acontece em um estado de consciência receptiva, com uma abertura tranquila e um fluxo natural da atenção, permitindo que os pensamentos surjam e passem suavemente, sem resistência.[13]

As práticas contemplativas utilizam dois elementos essenciais para **Estímulo ao descanso profundo**: a ativação parassimpática, que vamos explorar no capítulo 9, e o senso de segurança (externa e interna), que veremos com mais profundidade no capítulo 10.

Apesar de passarmos cada vez menos tempo em estado de descanso profundo, é nele que ativamos intensamente a resposta de relaxamento e que o corpo gasta menos energia para se manter funcionando.[14]

No capítulo 5 vimos que o orçamento energético do corpo é limitado, como a nossa conta bancária, lembra? Assim, distribuímos a energia de maneira estratégica, priorizando funções essenciais conforme as demandas do ambiente e os estados de ativação fisiológica que acabamos de ver.

No nível mais básico, a energia é direcionada para a **sobrevivência imediata**, a manutenção da integridade física. Aqui investimos os recursos para nos mantermos vivos e fora de perigo. A demanda é alta, pois compreende o aumento da produção de cortisol e adrenalina, a ativação da expressão de genes relacionados à inflamação, aumento da produção de proteínas e aumento da frequência de batimentos do coração, dois dos processos que mais gastam ATP.[15]

Quando essas necessidades primárias são atendidas, o organismo pode começar a se preparar para o que vem pela frente. Isso significa que ele ajusta seus processos internos para lidar melhor com **futuras demandas**, como se estivesse se antecipando ao que pode acontecer. Esse mecanismo de adaptação é a alostase – uma forma inteligente de economizar e direcionar energia para manter o equilíbrio antes que um novo desafio surja, conforme já te ensinei. Porém, estados mentais de ansiedade e preocupação, muito frequentes nesses momentos, gastam muita energia.[16]

Se ainda houver recursos disponíveis, eles podem ser utilizados para **otimização da saúde**, permitindo que os sistemas celulares funcionem de maneira eficiente e promovendo processos de restauração biológica.[11] É no estado de descanso profundo que temos energia de sobra para aumentar a produção de ATP com um mínimo de geração de radicais livres, eliminar de forma eficiente os lixos celulares, produzir células de defesa, eliminar células defeituosas, reparar danos ao DNA, impedindo o envelhecimento celular acelerado, e também produzir novas células nervosas e conexões entre os neurônios. Essa otimização do funcionamento do organismo parece ser um dos principais benefícios do relaxamento para a saúde no longo prazo. E esse é um dos motivos pelos quais o **Estímulo ao descanso profundo** é um pilar tão importante na **Abordagem S.E.R.**

Eu costumo dizer para os meus pacientes e alunos, mas principalmente para mim mesma: **descanso não é merecimento**. Não descansamos apenas quando acaba a nossa extensa e infinita lista de tarefas. Descanso também não é direito inato ou adquirido. **Descanso é uma necessidade biológica** e é o que nos permite estar vivos.

Gosto muito de um texto do rabino Nilton Bonder chamado "Os domingos precisam de feriados" em que ele diz que "a noite é pausa, o inverno é pausa, mesmo a morte é pausa. Onde não há pausa, a vida lentamente se extingue... A pausa é que dá sentido à caminhada".

Ao longo dos meus quase 10 anos como meditadora, percebo a prática como uma diástole fundamental no meu dia. É nessa pausa que me permito estar em contato mais íntimo com o funcionamento da minha mente, que alcanço alívio para o meu coração e encontro repouso e o espaço necessário para me esvaziar. E então poder me preencher com o ânimo essencial para jorrar vida.

A maneira de **Estimular o descanso profundo** é diferente para cada um de nós. Além da meditação, a pausa pode ser feita de inúmeras maneiras: contemplar a natureza, fazer uma oração, ouvir uma música inspiradora, fazer um escalda-pés, respirar lenta e confortavelmente. Então me conta, qual é a sua diástole necessária?

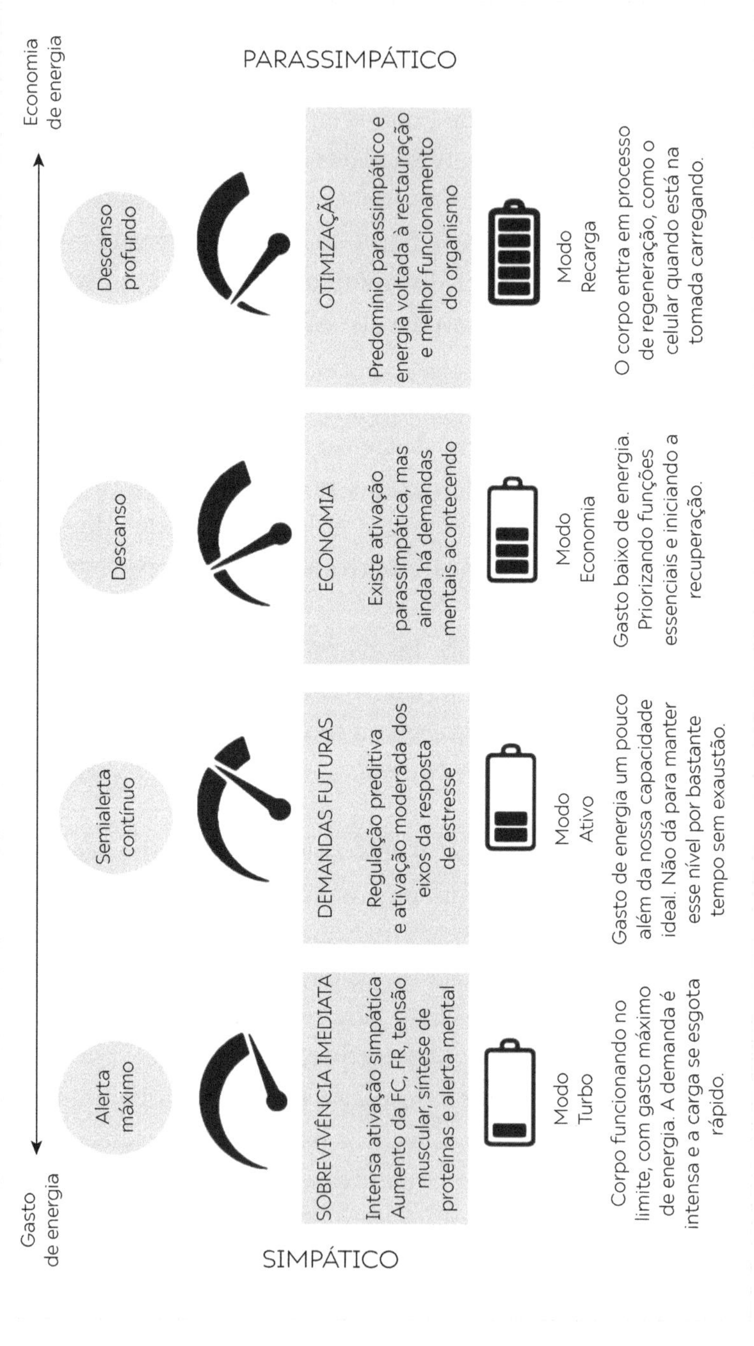

FIGURA 7 Modos de ativação do sistema nervoso autônomo e gasto de energia

FC: frequência cardíaca; FR: frequência respiratória.

9

Respiração: o controle remoto emocional

Sempre fui do calor. Praia, verão, corpo quente, alma lavada. Nos últimos anos tenho me pegado gostando mais dos dias frios. Ar fresco, corpo envolvido em um cobertor fofinho e o gostoso crepitar de uma lareira têm feito meu coração bater mais tranquilo. Essa sensação deliciosa de conforto, acolhimento e segurança é o sistema nervoso adequadamente regulado.

De um lado da balança temos o sistema simpático, que promove a mobilização de energia e coloca o corpo em ação – a resposta de estresse. Ele funciona por meio de uma série de conjuntos de nervos que saem da coluna vertebral em direção ao corpo. É ligado de forma involuntária, automática e muito rápida quando estamos diante do perigo ou de uma oportunidade.

Do outro lado está o parassimpático, que nos coloca em estado de recuperação e restauração por meio da resposta de relaxamento. Ele pode ser ativado por duas vias. A descendente é quando nos percebemos em situação de segurança e naturalmente a região pré-frontal do cérebro envia mensagens para o corpo de que podemos relaxar. A via ascendente, por sua vez, é quando o corpo entra em estado de equilíbrio, o que comunica para o cérebro que estamos seguros e então o córtex pré-frontal se torna mais ativo. Essa via ascendente pode ser acionada de forma voluntária a partir de atividades como relaxamento muscular progressivo e respiração. É como um controle remoto emocional!

Esse processo ocorre de forma mais lenta, levando uns bons minutos para iniciar. Quem coordena toda essa resposta parassimpática é um único longo nervo, o vago, que faz a conexão direta do cérebro com a face, garganta e órgãos como pulmões, coração, estômago e intestino. Ele funciona liberando uma substância chamada acetilcolina, que vai influenciar a frequência cardíaca,[1] o ritmo da digestão[2] e a recuperação de energia.

Não é à toa que a resposta de relaxamento é também conhecida como descanso e digestão. O parassimpático, através do nervo vago, está envolvido em muitas fases do processo de transformação de alimentos. Você já percebeu que quando está estressado sua boca fica seca e quando relaxa a boca fica mais molhada? Isso acontece porque o vago envia sinais para as glândulas salivares através de diferentes nervos, como o facial (que leva estímulos para as glândulas submaxilar e sublingual) e o glossofaríngeo (que envia comandos para a glândula parótida). Esses sinais ativam pequenos centros nervosos perto das glândulas, que então estimulam diretamente a produção de saliva.[3]

O vago também estabelece uma conexão direta entre o sistema nervoso central e a população de bactérias, vírus e fungos que vivem em nosso intestino – a microbiota intestinal. Suas fibras podem ser ativadas diretamente por componentes da microbiota ou através de células endócrinas intestinais, enviando estímulos para o cérebro que influenciam a regulação nervosa do corpo. Além disso, esse nervo ativa mecanismos que reduzem a inflamação digestiva e fortalecem a barreira intestinal, alterando de forma saudável a composição da microbiota.[4] Ainda no sistema digestivo, ele participa da liberação de insulina e do controle do açúcar no sangue, mostrando sua importância na gestão da energia do corpo.[5]

No coração, o sistema parassimpático age como um regulador natural, reduzindo a pressão sanguínea e os batimentos cardíacos. Coração e respiração estão profundamente conectados por um fenômeno chamado arritmia sinusal respiratória.[6] Apesar do nome arritmia, não é algo ruim, mas sim variações no ritmo do batimento cardíaco, sincronizadas com o ciclo respiratório. De forma simplificada, quando inspiramos, o coração acelera; quando expiramos, ele desacelera. Esse ajuste natural ocorre pela atuação do nervo vago, que regula a atividade do coração e reflete o equilíbrio do sistema parassimpático.

A variação no tempo entre dois batimentos cardíacos, conhecida como taxa de variabilidade cardíaca, é utilizada por muitos dispositivos como uma medida indireta de estresse (se você usa um *smartwatch* já se deparou com essa função). Quando o tempo entre as batidas do seu coração varia pouco é sinal de muito estresse – excesso de ativação simpática. Por outro lado, se as batidas do seu coração oscilam bastante de acordo com o que está acontecendo no ambiente (de dentro e de fora do corpo), esse é um demonstrativo de que seu parassimpático está atuante e o organismo tem uma boa capacidade de se adaptar a mudanças – um sinal de saúde.[7] Quanto mais eficiente esse mecanismo, maior a flexibilidade para responder ao estresse e retornar ao estado de equilíbrio com facilidade.

Você já deve ter notado que em situações de tensão e ansiedade a respiração fica curta e acelerada. Mas nos momentos de tranquilidade e calma ela fica mais longa e pausada. A respiração é uma ferramenta fisiológica que tem efeito muito rápido na regulação do sistema nervoso autônomo. Quando nosso estado basal é de tensão e estresse a respiração se torna rápida, superficial e, em geral, pela boca.[8] Esse padrão respiratório, por sua vez, ativa ainda mais o simpático, e temos um ciclo vicioso. Como passamos a maior parte do dia desse jeito, acabamos achando que isso é normal. Não é!

O normal, quando estamos em repouso, é que a respiração aconteça de forma mais lenta, profunda e a entrada e saída do ar aconteçam através do nariz. Isso faz com que o organismo produza mais óxido nítrico – um potente dilatador dos vasos sanguíneos, que permite que mais oxigênio chegue aos cantos mais distantes do corpo. A principal característica da **respiração calmante** é o fato de ela ser abdominal (ou diafragmática), o que quer dizer que utiliza em maior amplitude a parte debaixo dos nossos pulmões, movimentando o músculo diafragma – que separa o tórax do abdome - o que faz com que a barriga vá um pouquinho para frente quando enchemos os pulmões de ar. No diafragma encontram-se muitos ramos do nervo vago que são ativados por essa "massagem" da respiração, ligando a resposta de relaxamento.[9] Assim, informamos ao cérebro que estamos seguros. Então, entramos em um ciclo virtuoso, pois, uma vez seguros, ativamos ainda mais o relaxamento e a capacidade de restauração do organismo. É um potente **Estímulo ao descanso profundo**. Essa é uma das razões que me fazem ser fascinada pela beleza e potência da interação *mente corpo*!

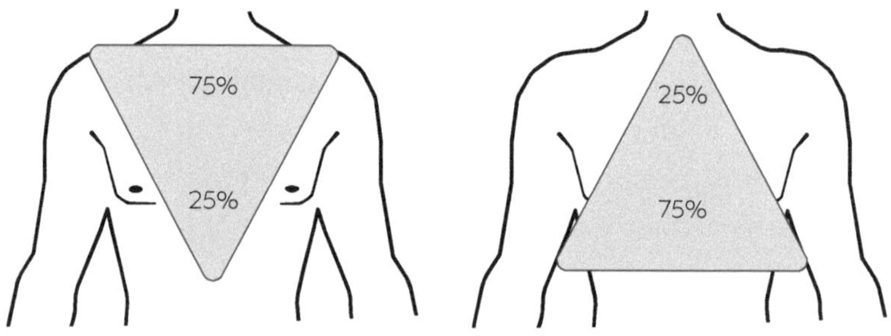

Respiração torácica – estimula a ativação simpática
MOBILIZAÇÃO DE ENERGIA

Respiração abdominal – estimula a ativação parassimpática
RELAXAMENTO E RESTAURAÇÃO

FIGURA 8 Padrões de respiração e estímulo do sistema nervoso autônomo

Respiração calmante

Essa é uma técnica simples e efetiva, que usa a respiração para ativar o seu sistema nervoso parassimpático, ajudando o corpo a descansar, recuperar-se e restaurar o equilíbrio interno.

A respiração calmante pode ser uma prática mais longa, de 15 a 20 minutos, como um **Estímulo ao descanso profundo**, induzindo ao repouso e à recuperação. Mas também pode ser usada ao longo do dia, em pequenas pausas, sempre que você sentir que precisa aliviar a tensão, reduzir a ansiedade ou simplesmente voltar para o seu centro.

1. Encontre uma posição confortável
Você pode sentar ou deitar, como preferir. Mantenha a coluna naturalmente alinhada, sem rigidez, criando espaço para respirar sem restrições do tórax. Sinta pés e pernas apoiados na superfície e deixe as mãos descansando suavemente sobre o colo, se estiver sentado, ou ao lado do corpo, se estiver deitado. Mantenha os braços de forma que não haja tensão muscular desnecessária.
Feche os olhos, se preferir, e leve a atenção para o seu corpo. Perceba os pontos de contato com a superfície. Observe como está a sua respiração agora.

2. Comece a respirar somente pelo nariz
Inspire lenta e profundamente, sentindo o ar entrando pelas narinas, descendo pelo peito e alcançando a base dos pulmões. A barriga se expande suavemente com a inspiração – esse é o movimento natural da respiração diafragmática.

3. Expire devagar, também pelo nariz
Sem forçar, permita que o ar saia um pouco mais lentamente do que entrou. A barriga relaxa, e o ar sai aos poucos, como se você estivesse soltando um suspiro tranquilo.

(continua)

(continuação)

4. Encontre um ritmo que seja confortável

A inspiração é profunda, mas sem exagero. A expiração é um pouco mais lenta que o seu ritmo habitual, como se o corpo estivesse soltando a tensão, mas não é tão lenta que cause desconforto, tontura ou falta de ar. Você pode imaginar que, a cada expiração, o corpo se aquieta mais um pouco. Lembre-se que esta é uma prática de relaxamento, então encontre o ritmo de respiração que traz essa sensação a você.

5. Siga assim por alguns minutos

É normal a mente se distrair e você perder o foco na respiração. Quando isso acontecer, com gentileza, traga sua atenção de volta para a sensação do ar entrando e saindo pelo nariz, para o movimento do ar e da barriga.

6. Se estiver com pouco tempo, pratique por 2 a 3 minutos

Mesmo assim, você já pode sentir os efeitos: uma leve sensação de bem-estar, mais presença e calma.

7. Observe os efeitos da prática

Antes de encerrar, perceba como está se sentindo. O que aconteceu com o corpo? Como ficou o ritmo dos pensamentos?

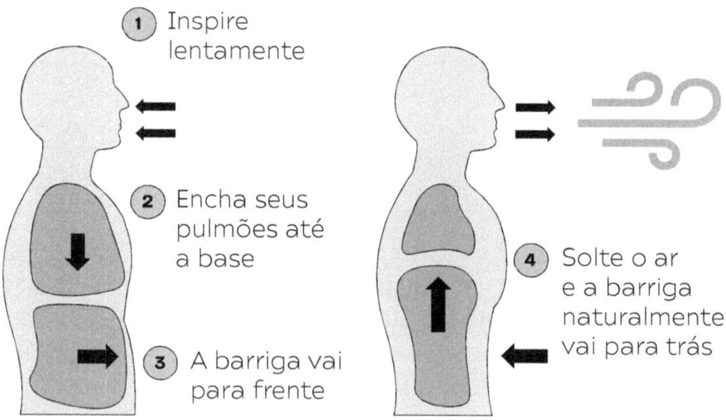

FIGURA 9 Respiração calmante

(continua)

(continuação)

A respiração calmante é um recurso de **Estímulo ao descanso profundo** que você pode levar com você para onde for. Ela não exige nenhum equipamento, só um momento de atenção e cuidado consigo.

Com a prática regular, você vai notar que seu corpo responde cada vez mais rapidamente. O coração desacelera, os pensamentos ficam mais claros e o relaxamento se torna mais profundo. É uma forma simples de equilibrar o seu sistema nervoso e cultivar presença no meio da correria do dia.

Use sempre que precisar.

Ao estimular o nervo vago, a respiração ritmada relaxa o corpo, diminuindo a tensão e acalmando a mente.[10] Respirar dessa forma aumenta a variação da frequência cardíaca,[11] um sinal de que somos mais capazes de lidar com os desafios a partir de um lugar de centramento e equilíbrio. Ajuda a regular os batimentos cardíacos, a pressão sanguínea e a resposta ao estresse, garantindo ao corpo um funcionamento harmonioso.[12] Além de tudo isso, ainda intensifica os processos de recuperação do organismo, melhorando tanto a saúde física quanto o bem-estar emocional.[13]

Então, quando usamos a respiração como um controle remoto, ao lentificá-la de forma voluntária estimulamos receptores nos pulmões que ativam de forma direta ou indireta o nervo vago e reduzimos a resposta simpática de estresse. A respiração mais calma faz com que o coração também desacelere, e o cérebro interpreta que o corpo está em um estado relaxado, calmo e de segurança.[14] A respiração calmante é uma forma de ativar o cérebro adaptativo e desligar o cérebro reativo.

Além de cultivar saúde, os efeitos que a respiração calmante nos trazem podem ser utilizados para apoiar o tratamento de diversas condições. Devido à ativação intensa do sistema parassimpático, funcionam como um complemento ao tratamento dos transtornos de ansiedade, em que há uma ativação inadequada e exacerbada do sistema simpático.[15] Na dor crônica, ajudam a reduzir a percepção da dor e melhoram a resposta emocional a ela.[16] E são eficazes no tratamento da insônia, já que o relaxamento proporcionado pela respiração lenta e profunda melhora a qualidade do sono.[17]

Apesar da biologia simples, nosso corpo e mente não desaceleram tão facilmente. Vivemos preocupados, em ambientes que favorecem o estresse, e por isso mesmo é preciso trazer para nossa rotina diária práticas que fortaleçam o sistema parassimpático e nos permitam manter um estado basal mais relaxado. Isso torna mais fácil entrar em descanso profundo e restaurar o organismo com regularidade.

Se todo dia tem estresse, todo dia tem que ter relaxamento.

Quanto mais estimulamos o parassimpático, maior será a capacidade do cérebro de reconhecer e produzir estados de calma. Isso acontece porque uma área chamada giro do cíngulo, que é a coordenadora central do sistema nervoso autônomo, se fortalece quando temos práticas contemplativas presentes no nosso dia a dia.[18] O **Estímulo ao descanso profundo**, através do treino nessas metodologias, torna o sistema nervoso saudável e bem regulado, já que ele consegue identificar com maior precisão as situações de ameaça ou segurança e é mais capaz de mudar do estado de ação para o de restauração. Por isso é um pilar fundamental da **Abordagem S.E.R.**

O sistema parassimpático é um importante mecanismo para o descanso profundo, mas sozinho não basta. Precisamos também ter acesso à segurança, e é isso que vou te ensinar no próximo capítulo.

10

Segurança: a neurobiologia invisível da autorregulação

No início do livro falei sobre a viagem para comemorar meus 40 anos. Foi uma delícia sair da rotina por mais de um mês, caminhar cedinho na praia, ouvir as ondas do mar ao deitar para dormir. Desacelerar é muito gostoso.

Durante esse período, de segunda a sexta-feira eu ficava sozinha. Embora eu estivesse em um condomínio muito seguro, todas as noites eu dormia com um olho aberto, morrendo de medo de que os barulhos na varanda não fossem apenas um gato desastrado derrubando tudo. Nos finais de semana a casa se enchia com a família e amigos, pessoas que amo e em quem confio. Então eu dormia feito um bebê.

Se perceber seguro é a chave que desliga o mecanismo de estresse. Protegidos podemos nos alimentar, digerir a comida, brincar e descansar. Em momentos de resguardo e confiança entramos no modo de economia de energia e sobram recursos para restauração do organismo e desenvolvimento de processos biológicos que nos fazem viver mais e melhor. Não é à toa que um dos pilares da **Abor-**

dagem S.E.R. é o **Estímulo ao descanso profundo**. É no descanso que florescemos.

A imagem que me vem à cabeça quando penso em segurança é uma reunião dos nossos antepassados, homens e mulheres das cavernas, em volta de uma fogueira, se alimentando. Comida, comunidade, proteção. São as três camadas importantes da segurança: física, social e psicológica.

Segurança física inclui recursos fundamentais que nos permitem sobreviver. Acesso à água, comida, casa protegida e ausência de violência. Sem esses elementos básicos nos mantemos alertas e vigilantes. Pessoas em situação de pobreza têm três vezes mais chance de desenvolver problemas de saúde mental, e nas áreas em que há elevada disparidade de recursos financeiros aumentam os riscos de depressão e ansiedade.[1] Insegurança econômica é uma fonte permanente de ameaça, por isso as estratégias de gerenciamento do estresse devem começar por políticas públicas de acesso à alimentação saudável, condições dignas de moradia, segurança física e financeira.

Uma vez que a segurança física está atendida, precisamos nos sentir conectados a outras pessoas e pertencentes a um grupo, por meio de relações de confiança. Se a gente pensar na turma das cavernas, fica fácil entender que ser excluído do grupo significava menos proteção e maior risco de perigo. A necessidade de segurança social é algo tão importante para nossa espécie que a biologia a conservou até os dias atuais. Sensação de rejeição, isolamento ou desvalorização fazem o corpo automaticamente ligar seus mecanismos de defesa, mesmo sem um perigo físico real. A solidão e o isolamento representam um risco significativo para a saúde, equivalente ao impacto de fumar 15 cigarros por dia e comparável ao consumo excessivo de álcool.[2]

O desenvolvimento da segurança social começa mesmo antes do dia em que nascemos e se formata em grande parte nos primeiros anos de vida. A criança precisa de um cuidador para modelar e modular o seu sistema nervoso em maturação. É nos 3 primeiros anos que desenvolvemos a capacidade de afeto e confiança que sentimos por nós mesmos e pelos outros, o que influencia nossas relações e a percepção de mundo ao longo da vida.

Quando os pequenos sentem que tem alguém com quem podem contar, um contexto emocional em que há equilíbrio entre as necessidades afetivas e a autonomia pessoal, ficam mais confiantes para explorar o ambiente com curiosidade. Tornam-se adultos que naturalmente percebem o mundo como um lugar seguro e se sentem capazes de lidar com os desafios.[3] São hábeis em encontrar soluções para passar por situações adversas e se adaptar a momentos de estresse de forma adequada e proporcional.

Já as crianças que cresceram em ambientes de vulnerabilidade física ou psicológica, violência ou abandono desenvolvem um sistema de estresse que responde intensamente mesmo em situações de pouco estímulo. Por outro lado, com um cuidador que às vezes responde de forma carinhosa e outras vezes ignora ou reage com irritação, a criança nunca sabe o que esperar. Ela pode se tornar um adulto ansioso, buscando aprovação constante e temendo o abandono, ou pode se distanciar emocionalmente para evitar a frustração. A tendência é enxergar o mundo como um lugar pouco seguro,[4] o que torna difícil ativar a resposta de relaxamento.[5]

Qualquer uma dessas situações está associada a um sistema de estresse em desequilíbrio. Quando desenvolvemos desde a infância o que a psicologia chama de apego inseguro ou quando sofremos alguma traumatização ao longo da vida, as áreas cerebrais relacionadas ao perigo passam a funcionar de forma mais intensa[6] e a resposta de estresse no corpo se torna mais exacerbada.[7]

Diferentes tipos de adversidades socioeconômicas, como solidão, pobreza, discriminação racial ou cultural, tornam o sistema de estresse cronicamente ativado, aumentam a expressão dos genes inflamatórios e reduzem a expressão dos relacionados ao sistema de defesa.[8] A discriminação, uma das situações que mais geram insegurança social, está relacionada a uma maior taxa de doenças mentais, como transtorno de ansiedade generalizada e depressão, percepção mais acentuada de estresse emocional, sono não reparador, menor autoestima e redução da satisfação com a vida.[9] Não apenas a discriminação, mas o simples fato de haver uma possibilidade de discriminação faz com que haja um aumento da resposta fisiológica de estresse.[10] Hoje em dia as redes sociais se tornam mais uma importante fonte de preconceito, contribuindo para sintomas de ansiedade e depressão.[11] Volto a insistir que as medidas individuais de gerenciamento do estresse são importantes, mas ações comunitárias e políticas públicas que garantam equidade e segurança social são fundamentais. É através do vínculo e do acolhimento que podemos relaxar.

Meu coração descansava quando a minha família chegava à casa de praia porque a segurança é um processo fundamental para a sobrevivência humana. As interações sociais baseadas na confiança ajudam a reduzir reações defensivas que, de outra forma, seriam desgastantes para o corpo.[12]

Quando alguém me procura para aprender a lidar melhor com o estresse, gosto de fazer um mapeamento da rede de apoio. Todos nós temos aquele ombro amigo para chorar quando a emoção bate forte, um parceiro que consegue nos dar suporte com questões mais práticas do dia a dia, a mente sábia que nos ajuda a buscar informações precisas quando estamos perdidos. Saber quem são as pessoas com quem podemos contar facilita buscar esses apoios na hora do aperto, sem gerar ainda mais estresse.

A percepção de segurança social acontece quando experimentamos aceitação, pertencimento e inclusão em ambientes em que não nos sentimos ameaçados por julgamento, vergonha ou crítica.[13] Talvez você já tenha vivido experiências em que se sente bem sem nem mesmo saber explicar o porquê. Então eu vou te contar: nosso sistema nervoso reconhece sinais indiretos de segurança no ambiente e nas relações, como o tom de voz, o jeito de olhar e o modo do corpo se mexer, que nos dão a sensação de proteção mesmo antes de entendermos através do pensamento que estamos seguros.

Se temos pessoas ao nosso redor que sabemos que estarão presentes de forma previsível e que nos oferecem experiências de acolhimento enquanto navegamos pela vida, somos lembrados de que estamos protegidos e o mundo é um lugar seguro para viver.[14] Sentimos que há pessoas com quem podemos contar, que se importam conosco e com as quais nos conectamos. Se perdemos essa conexão, passamos a vida com a sensação de que estamos por conta própria e não podemos depender de ninguém. Tudo o que ameaça nos separar do que nos faz bem gera estresse, mas tudo o que é uma solução de conexão traz segurança, e assim podemos relaxar.

Quando essas camadas externas de segurança física e social acontecem, podemos mergulhar em uma camada mais interna e profunda – a segurança psíquica. Isso acontece pois, ao nos percebermos livres de estímulos ambientais ou sociais que podem causar danos, nosso cérebro não precisa mais ficar acessando riscos, prevendo a próxima ameaça que vem pela frente ou planejando como escapar dela. Assim, além de liberar energia metabólica para restaurar o corpo, liberamos também espaço mental, já que nos vemos livres de preocupação, ruminação e autocrítica.[15]

Com as microdoses diárias de estresse que acumulamos hoje em dia, pode ser difícil liberar o pensamento desse estado de semialerta contínuo. Pela minha história da praia você já notou que não basta termos acesso à segurança; é também necessário ter a capacidade de nos percebermos seguros. Essa capacidade está relacionada com a forma como vemos o mundo, mas também pode ser influenciada pela genética, sono, alimentação e meio ambiente.[13]

Âncoras de segurança

1. Identificando suas âncoras de segurança

Reserve alguns minutos para refletir sobre o que traz uma sensação genuína de segurança para você. Algumas perguntas que podem guiar esse processo:

- Onde, na sua vida, você já experimentou um profundo sentimento de segurança e acolhimento?
- Que pessoas, lugares ou experiências fazem você se sentir protegido e em paz?
- Quais sensações físicas ou emoções acompanham esse sentimento de segurança?

2. Conectando-se com a segurança

Agora, escolha uma ou mais dessas âncoras e traga-as para o momento presente.

- Feche os olhos e visualize um ambiente ou situação onde você se sentiu seguro.
- Inspire profundamente e imagine que essa segurança está se expandindo pelo seu corpo.
- Se desejar, toque um objeto físico que represente essa segurança para você (como uma manta, uma pedra) ou faça um gesto que acalme (como colocar as mãos sobre o coração).

3. Aplicando no dia a dia

Sempre que se perceber ansioso ou sobrecarregado, recorra a esta prática:

- Faça uma pausa e relembre suas âncoras de segurança.
- Respire profundamente e traga essa sensação para o momento presente.
- Se possível, crie um pequeno ritual diário para fortalecer esse sentimento – pode ser um momento de gratidão, uma prática de meditação ou uma respiração calmante.

Com essa prática, a sensação de segurança deixa de ser apenas algo externo e se torna um estado interno acessível sempre que necessário.

A boa notícia é que é possível treinar corpo e mente, através da ativação do sistema parassimpático, como vimos no capítulo anterior, ou por metodologias que fortalecem o cérebro adaptativo, permitindo reconhecer a segurança com mais facilidade. Na **Abordagem S.E.R.**, tanto o **Estímulo ao descanso profundo** quanto os **Recursos de adaptação** atuam nisso.

O reconhecimento da segurança depende da integração de informações sobre a presença ou não de ameaças externas com as nossas capacidades internas de proteção.[16] Para isso, o cérebro avalia o ambiente ao nosso redor, rastreando dados, "lê" as informações provenientes do corpo e se baseia em experiências que vivemos no passado para criar um modelo mental de como estamos e de como nos relacionamos com o mundo. Assim, ele faz uma aposta do que vai acontecer nos próximos momentos e distribui energia de forma a preparar o corpo para lidar com o que vem pela frente com um gasto mínimo de recursos.[17]

Nessa complexa engenharia, existe uma área cerebral, em particular, que está bastante envolvida na percepção de segurança. É o córtex pré-frontal[18] – nosso cérebro adaptativo. A ativação dessa região desliga os sinais da amígdala cerebral,[19] reduzindo a resposta de estresse e iniciando a resposta fisiológica de relaxamento.[20] Quando o pré-frontal funciona de forma adequada, conseguimos pensar com mais clareza, perceber sinais internos do corpo com maior precisão, direcionar a atenção com mais facilidade e regular melhor as emoções.[21] Com isso, temos ações mais apropriadas para nos adaptarmos aos grandes desafios da vida ou às pequenas demandas do cotidiano. É a partir do funcionamento do cérebro adaptativo que criamos o senso de proteção, regulamos o medo e a ansiedade e fortalecemos memórias de segurança[22] que irão compor nosso banco de dados para futuras situações.

Dentre as práticas da **Abordagem S.E.R.** que **Estimulam o descanso profundo**, a meditação fortalece o funcionamento do córtex pré-frontal.[23] Falei sobre isso com bastante detalhe no meu livro *Meditação e saúde: dos mosteiros aos consultórios médicos.* Além dela, outras práticas contemplativas, como ioga, visualização e oração, trazem a sensação de segurança psicológica e contribuem para a redução do estresse e o cultivo do estado mental de descanso profundo, tão necessário para nossa saúde e percepção de bem-estar. Estratégias de reavaliação cognitiva, psicoterapia e cultivo de qualidades são também **Recursos de adaptação** importantes para exercitar o olhar de um mundo seguro e relações acolhedoras.

Nos mamíferos, como nós, boa parte da regulação do sistema emocional de proteção ocorre através do bando. Na relação com os pares podemos desenvolver um senso mais profundo de proteção. A segurança psicológica aumenta nossa abertura para nos aproximarmos de outras pessoas e estabelecermos conexões sociais significativas. Quando nos sentimos protegidos, o sistema de engajamento social entra em ação, permitindo interações mais naturais e acolhedoras. Sinais como o tom de voz e expressões faciais transmitem segurança para os outros, ajudando a reduzir estados de alerta e ativando uma resposta de calma. Esse mecanismo, conhecido como corregulação, desempenha um papel fundamental na construção de relacionamentos de confiança.[12]

Ao nos conectarmos com pessoas que nos transmitem segurança, reforçamos um ciclo positivo que promove a corregulação, o bem-estar, a saúde emocional e um melhor desempenho em nossas atividades diárias. Nessa condição estamos mais disponíveis para apoiar outras pessoas em sua própria regulação emocional. Imagine como isso é potente para profissionais de saúde e cuidadores. Ao nos regularmos internamente, pelo senso de segurança nos tornamos uma medicina para as pessoas que nos rodeiam.

Ter acesso à segurança física, social e psicológica e ser capaz de reconhecê-la nos permite restaurar o funcionamento biológico, torná-lo mais eficiente e nos oferece acesso ao sistema de engajamento social, tão importante para a nossa espécie. Portanto, a segurança não apenas nos permite sobreviver, mas também desenvolver plenamente todas as nossas capacidades relacionais e ter uma vida com mais significado.

11

Presença: um antídoto para o automatismo

Já reparou que experimentamos o mundo de forma diferente quando estamos saudáveis ou quando estamos doentes? Sentimos emoções diversas em uma mesma situação quando estamos com fome ou saciados. Reagimos de forma singular diante de um mesmo cenário quando nos sentimos seguros ou ameaçados.

Estar ciente das sensações, emoções e pensamentos permite, com certa frequência, regular atitudes, redirecionar as ideias e ver o mundo de um jeito diferente. A esta altura você deve ter percebido que somos um sistema *corpo mente* integrado e complexo, com informações circulando da unha do pé até a ponta dos cabelos, para nos manter seguros e funcionando bem.

O cérebro atua como um centro de integração, equilibrando nossas necessidades internas com as demandas do ambiente para favorecer a adaptação e a sobrevivência. Para isso, ele sente o que está acontecendo dentro do corpo (interocepção), percebe o que ocorre ao redor (exterocepção) e reúne essas informações para formar um modelo interno da realidade – um processo chamado de inferência ativa. É como se a gente criasse dentro da cabeça um mapa de onde estamos localizados no mundo.

Com base nas experiências passadas, o cérebro faz previsões sobre o que está prestes a acontecer, ajusta a distribuição de energia no corpo e prepara comportamentos que aumentem nossas chances de lidar bem com a situação, como eu já te ensinei. Ao longo do tempo, ele compara essas previsões com o que de fato ocorre: se tudo sai como esperado, segue o plano; se há erro, faz os ajustes necessários.[1]

Essa capacidade de antecipar e adaptar continuamente é o que nos permite viver de forma mais eficiente em um mundo em constante mudança. Quando o cérebro faz previsões corretas, respondemos mais rápido e com menos esforço. Para isso precisamos ser capazes de perceber adequadamente nosso corpo por dentro, ler o contexto do ambiente com a maior precisão possível e cultivar um banco de dados amplo, que sirva de exemplo para respostas diversas e mais adequadas a cada situação.

Ao longo da evolução humana, desenvolvemos três recursos fundamentais para lidar com o estresse e aumentar nossa capacidade de prever e enfrentar desafios: a resposta rápida, a resposta inteligente e a resposta cooperativa. Cada uma dessas formas de adaptação nos ajuda, à sua maneira, a sobreviver e a encontrar caminhos diante das ameaças e exigências da vida.[2]

Responder de forma rápida significa operar a partir das emoções, coordenadas em grande parte pelo cérebro reativo. Essas ações se baseiam em uma combinação de como percebemos nosso nível de energia (alto ou baixo) e a qualidade afetiva de uma experiência (agradável ou desagradável).[3] Tais percepções são como botões de avançar ou parar que nos ajudam em situações nas quais precisamos de reações rápidas e automatizadas para sobreviver. É uma resposta adequada quando um carro vem em sua direção na rua ou quando você precisa se defender de uma violência física, por exemplo.

Responder de forma inteligente é usar seu conhecimento, construído a partir de experiências vividas e do seu repertório de valores, para lidar de forma efetiva com os desafios atuais. Esse processo é coordenado pelo cérebro adaptativo. Usamos de deliberações mais lentas para resolver os problemas a partir da nossa sabedoria e nos adaptarmos da melhor forma. É o tipo de comportamento que nos ajuda em uma conversa difícil com alguém que amamos ou na decisão de sair de um emprego que não faz mais sentido.

Cognição e emoção, longe de serem respostas conflitantes ou opostas, funcionam juntas. O que sentimos influencia diretamente o que pensamos e para onde dirigimos nossa atenção, e o contrário também acontece.[4] Estados emocionais inconscientes funcionam como sinalizadores automáticos de ameaça ou oportunidade. Já os sentimentos que conseguimos nomear e compreender, graças às nossas habilidades cognitivas, nos dão mais flexibilidade para responder com inteligência e sensibilidade às situações que enfrentamos.[5] Ambos são fundamentais em diferentes momentos.

Responder de forma cooperativa é saber usar a força dos vínculos sociais para nos adaptarmos melhor aos desafios da vida. Quando conseguimos nos manter conectados a outras pessoas, de forma respeitosa e colaborativa, temos mais chances de nos sentirmos seguros, de contar com apoio nos momentos difíceis e de acessar recursos que favorecem tanto a sobrevivência quanto o florescimento.

Em estados de tensão frequente ou preocupação excessiva, o cérebro reativo entra em ação, e nossa capacidade de ler o corpo e o mundo como eles realmente são se torna reduzida. Ficamos presos em respostas prontas, que usamos no passado e que nem sempre são adequadas para o momento atual. É uma resposta de estresse disfuncional.

Na **Abordagem S.E.R.**, ao cultivar um **Sistema de estresse saudável**, **Estimular o descanso profundo** e praticar **Recursos de adaptação** psicossociais, afinamos a capacidade de perceber nosso corpo da pele para dentro, desenvolvemos uma visão clara e realista do ambiente e nos expomos a situações e pessoas que aumentem nosso repertório de respostas. Isso nos torna capazes de nos adaptarmos melhor às necessidades internas e demandas externas, reduzindo o estresse e promovendo sensação de bem-estar.

Essas habilidades não se encontram em uma única parte do sistema nervoso. O funcionamento do cérebro humano depende menos de áreas isoladas e mais das conexões entre diferentes regiões. Uma mesma área, aliás, pode desempenhar funções distintas dependendo das regiões com as quais está conectada. Essa dinâmica, altamente plástica e adaptável, permite que o sistema nervoso seja moldado pelo treino e pela repetição. No pilar do **Estímulo ao descanso profundo** da **Abordagem S.E.R.** as metodologias contemplativas, ou técnicas *mente corpo*, podem ser esse treino.

Por meio da prática regular da ioga e da meditação, por exemplo, ganhamos a habilidade de influenciar nosso funcionamento interno. Atividades que induzem à resposta de relaxamento, como a respiração diafragmática, regulam a pressão arterial e reduzem o estresse percebido.[6] Praticada com regularidade, a ioga, além dos benefícios promovidos pela atividade física em si, aumenta naturalmente a liberação do neurotransmissor ácido gama-aminobutírico (GABA), uma substância que reduz o excesso de ativação causado pelo estresse nos neurônios.[7]

A meditação, por sua vez, altera o fluxo sanguíneo para áreas cerebrais relacionadas com as redes que regulam a atenção e a emoção, além do equilíbrio do sistema nervoso autônomo.[8] Ela também permite que novas conexões se formem entre as diferentes áreas cerebrais,[9] tornando o pensamento mais flexível e, assim, ampliando nossas possibilidades de encontrar soluções para nos adaptarmos.

Ioga, meditação e exercícios de presença (*mindfulness*) treinam as vias cerebrais envolvidas na atenção, nos tornando mais conscientes dos estados do corpo e da mente e mais sensíveis às nossas necessidades físicas, emocionais e psicossociais. Dessa forma fica mais fácil encontrar tempo e caminhos para atendê-las.

Esses dias eu estava voltando para casa de carro e o semáforo fechou. Dei uma espiada rapidinha no celular para ver se alguma mensagem importante havia chegado, embora eu não esperasse nenhuma. Quando me dei conta, o semáforo já havia aberto e fechado novamente e, capturada pela tela, eu não percebi. Anos de prática de meditação e idas e vindas pela ioga me fizeram notar quão desconectada do ambiente eu fiquei por aqueles minutos. Se não fosse esse treino regular da atenção que faço diariamente sentada na minha almofada, muito provavelmente eu não teria observado esse lapso.

Com a experiência também fui me aprimorando em perceber com mais precisão quando meu corpo precisa descansar, os momentos em que exalto meu tom de voz por uma emoção e situações em que me desconecto completamente das conversas com pessoas queridas, mesmo querendo estar presente. Consigo reconhecer quando irritabilidade na verdade é fome, impaciência é sono e agressividade é medo de não corresponder ao que esperam de mim.

A atenção nos permite identificar, selecionar e filtrar as informações mais importantes em meio a uma grande quantidade de dados que nos cercam e que nosso cérebro não consegue processar completamente.[10] É essencial para cultivarmos bem-estar. Com uma vida atarefada, cheia de compromissos de trabalho, preocupações com a família, lembranças de uma discussão ou a possibilidade de um problema no futuro, é fácil se distrair do que está acontecendo a cada pequeno momento. Na distração deixamos passar detalhes que poderiam transformar momentos comuns em instantes de felicidade e tornar eventos simples experiências memoráveis.

Situações estressantes sequestram nossa atenção. Ficamos presos naquilo que nos ameaça e entramos em um ciclo vicioso de emoções negativas e dificuldade de foco, o que gera cada vez mais desgaste.[11] O treino da atenção é um excelente antídoto para o estresse. Na meditação ele é feito de forma estruturada e resulta no fortalecimento de várias regiões cerebrais envolvidas na interocepção, foco, regulação emocional e reduz a ativação exagerada das vias cerebrais relacionadas ao estresse.[12]

Também é possível treinar a atenção ao longo do dia, de forma simples e informal, em meio às atividades da rotina. Um bom ponto de partida envolve três passos principais: o primeiro é sincronizar sua atenção com os sentidos (o que vejo, o que ouço, como sinto meu corpo) para se ancorar por alguns momentos no presente e sair da constante viagem mental entre passado e futuro. O segundo é colocar intenção naquilo que está fazendo: se estiver lendo, esteja realmente com o texto, se estiver em um jantar com a família, esteja presente com as pessoas, não apenas fisicamente, mas com a mente e o coração. E por fim, talvez o mais importante: encha sua atenção de gentileza tanto por si quanto pelos outros. Esse cuidado transforma o ato de estar presente em algo profundamente nutritivo e coloca nosso cérebro adaptativo em ação.

O aprimoramento do cérebro adaptativo também acontece quando cultivamos qualidades como bondade, amorosidade e compaixão ou quando treinamos a reavaliação cognitiva – um novo olhar sobre as situações. Como esse é um assunto muito importante, vamos mergulhar nele daqui a alguns capítulos dedicados aos **Recursos de adaptação**.

Outro elemento que nos permite navegar com mais clareza pela vida é a consciência – a capacidade de estar ciente do que nos acontece. A qualidade da mente presente envolve observar o que acontece conosco a partir das sensações e da experiência primária, deixando um pouco de lado a tagarelice mental. Para tornar esse conceito um pouco mais fácil de entender, podemos imaginar que funcionamos de dois modos: o modo fazer e o modo estar.[13]

O modo fazer acontece quando sentimos que algo precisa ser realizado, consertado, melhorado ou alcançado. É como se estivéssemos constantemente a caminho de algum lugar, tentando resolver problemas ou atingir metas. Esse modo costuma estar voltado para o futuro: o que ainda falta, o que precisa mudar, o que queremos conquistar. Tem seu valor, pois é graças a ele que planejamos, evoluímos e tomamos decisões importantes. É um jeito mais verbal e conceitual de estar no mundo. Envolve elaborar, analisar, julgar, planejar, comparar, resolver. Nele estão os nossos sistemas emocionais de estresse e motivação (o bombeiro e o executivo que vimos no capítulo 7).

Esse movimento mental, que ao longo da evolução foi essencial para a nossa sobrevivência, ainda cumpre uma função importante: nos ajuda a antecipar possíveis desafios e explorar soluções. É como se tivéssemos dentro de nós um narrador incansável, nosso Galvão Bueno interno, comentando tudo o que já aconteceu e tudo o que pode acontecer. Sempre com emoção, intensidade e aquela pergunta no ar: "*Será que vamos dar conta?*". O problema é que, quando ficamos presos apenas nesse modo de funcionamento, a mente acaba gerando um estado de alerta constante. Pequenas doses de estresse vão se acumulando ao longo do dia, até se transformarem em um peso difícil de carregar.

Já o modo estar é bem diferente. Nessa forma de funcionar não temos nenhuma urgência de mudar algo ou de realizar qualquer coisa. Estamos presentes com curiosidade, abertura e gentileza, experimentando as sensações como elas são. É um jeito mais sensorial e perceptual de estar no mundo. Envolve ver, ouvir, tocar, cheirar, sentir os estímulos ambientais e internos de forma mais pura e sem necessidade de dar nome ao que acontece. É o sistema emocional da calma, nossa monja interior. Quando entramos nesse modo consciente de experimentar as situações, damos umas pequenas férias para o Galvão e aprendemos que os nossos pensamentos não são, necessariamente, a realidade. São apenas pensamentos. Quanto mais o narrador descansa, melhor ficamos em perceber o corpo como ele está e assim também ficamos mais capazes de nos regularmos.

Cultivar o modo estar não significa abandonar o fazer. Significa criar espaços onde podemos descansar da exigência constante de resolver e refinar a capacidade de perceber o corpo e naturalmente se regular.

É claro que essas percepções não surgem do dia para a noite, por isso a importância da prática regular de momentos de pausa que nos ajudam a treinar a atenção e nos convidam a estar mais conscientes do que sentimos. Essas habilidades permitem que a gente perceba corpo e ambiente de forma mais próxima da realidade, criando condições para que o cérebro faça mapas melhores e encontre os **Recursos de adaptação** mais apropriados para cada momento.

Prática contemplativa - presença em duas paisagens

Essa prática é um convite para cultivar a qualidade da atenção, que foca com presença e clareza um aspecto da experiência (neste caso, os sons), e a consciência aberta, que observa com gentileza tudo o que surge na mente, sem tentar controlar.

Esse exercício simples ajuda a treinar duas habilidades essenciais na gestão do estresse: a capacidade de estar presente sem se perder nos estímulos e a abertura para observar os movimentos da mente sem se identificar com eles. Com o tempo, ela fortalece a clareza, a estabilidade emocional e a sensação de presença no mundo.

Você pode praticá-la sentado em um lugar tranquilo, com os olhos fechados ou semiabertos. Pode ser feita em casa, em um parque ou até mesmo em um ambiente urbano.

(continua)

(continuação)

Parte 1 – Atenção plena à paisagem sonora (3-5 minutos)

Comece voltando sua atenção para os sons do ambiente ao seu redor.
Não se esforce para identificar ou interpretar, apenas ouça. Perceba os sons mais próximos, os mais distantes. Note variações de volume, ritmo, pausa. Um som surge, permanece, depois desaparece e você apenas acompanha. Não se preocupe em dar nome aos sons. Treine apenas ouvir com curiosidade.

Se você se distrair, reconheça com gentileza e traga a atenção de volta ao ato de ouvir. Você não precisa gostar ou não gostar do que escuta. A prática é simplesmente ouvir o que está presente. Experimente não ir em busca do som, mas deixar que ele chegue de forma passiva até os seus ouvidos.

Com o tempo, você pode perceber que existem pequenos momentos de silêncio entre os sons.

Parte 2 – Consciência aberta da paisagem mental (3-5 minutos)

Agora, suavize o foco. Deixe de ouvir ativamente os sons externos e passe a observar o que acontece na sua mente como se estivesse olhando o céu: pensamentos, imagens, lembranças, julgamentos, sensações emocionais. Tudo pode surgir.

Procure deixar a sua atenção relaxada e não se prender a nada. Não siga nenhum pensamento como se fosse um trem partindo. Apenas observe que os pensamentos vêm e vão como a sirene de uma ambulância que se aproxima e logo em seguida se afasta.

Talvez venha uma lembrança do passado, uma ansiedade sobre o futuro, ou até a dúvida se está "fazendo certo". Tudo isso faz parte da paisagem mental. Não há certo ou errado aqui, apenas uma presença consciente. Talvez você comece a observar que, assim como há silêncio entre os sons externos, eventualmente há um espaço vazio entre os conteúdos do pensamento.

(continua)

(continuação)

Se sentir vontade, volte por alguns segundos aos sons externos, para se ancorar novamente.

Parte 3 – Encerramento (1 minuto)

Ao final, leve alguns instantes para perceber como estão seu corpo, sua respiração e seu estado interno.

Muitas tradições religiosas e filosóficas dizem que a realidade não é objetiva. Talvez porque a avaliação aconteça de forma muito rápida dentro de nós, demorei a entender que isso significa que o mundo é a interpretação que fazemos do que está nos acontecendo, a partir do estado do corpo e da paisagem mental naquele momento. Um corpo tenso e uma mente agitada costumam turvar o modo como encaramos a vida. Já um corpo desmanchado e uma mente letárgica dão um tom pálido ao entorno.

Quando alteramos fatores internos, a partir da presença consciente e relaxada, mudamos o modo de perceber fatores externos e com isso transformamos nossas ações. Práticas diárias de pausa e observação de si, que **Estimulam o descanso profundo**, como meditação e ioga, nos possibilitam acessar com mais precisão as informações do corpo, perceber e modificar padrões automáticos de emoção e comportamento, reduzir distorções de pensamento e afinar a percepção do ambiente ao nosso redor.

Cultivá-las com regularidade permite modelar um cérebro capaz de encontrar a melhor resposta para cada desafio ou oportunidade que a vida nos apresenta e sustentar um corpo presente e hábil para a ação. Quando paramos o corpo vai se regulando, se restaurando e, podemos entrar em estado de descanso profundo.

Essas práticas trazem mais atenção e consciência para as experiências. Fazem emergir uma sabedoria natural que vem da clareza de uma mente tranquila e um corpo relaxado. Assim podemos ver a vida de forma mais gentil e menos enviesada. Quando estamos bem, espontaneamente abrimos espaço para sermos acolhedores com quem está ao nosso redor e surgem condições para relações mais significativas. O treino diário de estar presente na própria vida nos permite viver de forma leve, clara e amorosa.

Parte 3

Recursos de adaptação

FOCO

- Desenvolver um estilo de vida que favoreça a resiliência, a flexibilidade e a saúde duradoura.

ESTRATÉGIAS

- Recursos biológicos (rotinas saudáveis de sono, alimentação, movimento e contato com a natureza).
- Recursos psicológicos (perspectivas de adaptação, reestruturação cognitiva, mentalidade flexível).
- Recursos de conexão – sociais (rede de apoio, relacionamentos, comunidade) e espirituais (propósito, valores, sentido, cultivo das qualidades).

12

A sabedoria do simples: recursos biológicos

Cuidar da saúde emocional e lidar com o estresse de forma mais leve e eficaz não depende de uma única prática ou solução mágica, mas do cultivo contínuo de um estilo de vida que favoreça a resiliência, a flexibilidade e o bem-estar duradouro.

Nesta parte do livro, vamos explorar estratégias integradas do pilar de **Recursos de adaptação** da **Abordagem S.E.R.**, que atuam em diferentes camadas da nossa experiência: os **recursos biológicos**, como sono de qualidade, alimentação equilibrada, movimento corporal e contato com a natureza; os **recursos psicológicos**, como formas de pensar mais adaptativas e uma mentalidade mais flexível; os **recursos de conexão**, que incluem vínculos afetivos, rede de apoio e pertencimento, propósito, valores e o cultivo de qualidades humanas que dão sentido à vida.

Quando estamos fisiologicamente equilibrados, emocionalmente regulados, cognitivamente confiantes e nos sentimos mais conectados aos outros, desenvolvemos **Recursos de adaptação** que tornam o limiar de resposta ao estresse maior e o cérebro fica mais eficiente em desligá-la quando não for necessária. Esses pilares, quando cultivados, funcionam como uma base firme que sustenta nossa saúde e nos ajuda a atravessar os desafios do dia a dia com mais equilíbrio.

Recebo muitas pessoas em meu consultório buscando a mais moderna tecnologia para aliviar o estresse. Tem gente querendo tomar muitos suplementos, outros em busca de remédios potentes e alguns procurando um aplicativo ou aparelho que vá acabar com a pressão da noite para o dia.

Quantas vezes esquecemos que o caminho para o equilíbrio e a saúde passa por gestos simples e naturais. Neste capítulo vou me aprofundar no sono reparador, na alimentação que nutre, no movimento que ativa e no contato com a natureza. Essas possibilidades, presentes em nosso corpo e no mundo ao redor, carregam uma sabedoria silenciosa e profunda. Nos oferecem as bases para que possamos nos adaptar, crescer e florescer mesmo diante das adversidades.

Ter um corpo bem nutrido, fisicamente fortalecido e bem descansado faz com que nossos **Recursos de adaptação biológicos** superem as demandas do ambiente, mesmo aquelas inesperadas. Nossa capacidade de lidar com a incerteza aumenta, assim como a prontidão para responder às oportunidades ou às ameaças. Um corpo sem recursos biológicos adequados precisa de um esforço muito maior para caminhar pela vida.

SONO

Quando foi a última vez que você acordou se sentindo realmente revigorado? Um dia ficamos trabalhando até mais tarde, outro dia saímos tão estressados do trabalho que optamos por tomar uma cervejinha com os amigos e perdemos a hora de dormir. Tem dias em que os filhos choram e ainda aquelas noites que acordamos no meio da madrugada com toda a lista de preocupações pulando do travesseiro.

Sem perceber, dormimos cada vez menos, e é comum acharmos que é normal se sentir assim, meio cansado quando acorda, precisando de um cafezinho para começar o dia e que está tudo bem, porque "compensamos" no final de semana. Talvez o que você não saiba é que a falta de sono ou o sono de uma qualidade ruim atrapalha a memória e a capacidade de foco, aumenta os riscos de doenças do coração, câncer e Alzheimer, dificulta o processo de emagrecimento e pode até alterar os níveis de açúcar no sangue, levando a um pré-diabetes. E, é claro, impacta no estresse.

Você já viu uma criança que passou o dia irritada e birrenta após uma noite maldormida? Com os adultos acontece algo muito parecido, só que a gente nem repara. Quando o sono não é de boa qualidade, até um pedido simples de quem está ao nosso lado pode parecer demais e acabar despertando reações de explosão e raiva.[1] Uma única noite maldormida faz com que a atividade da amígdala cerebral aumente em 60%.[2] É durante o sono que o córtex pré-frontal (nosso cérebro adaptativo), responsável por funções como o autocontrole e a tomada de decisões, se fortalece e consegue modular melhor essa ativação exagerada da amígdala (o cérebro reativo).[3] Além de alterar o funcionamento cerebral em situações desafiadoras, um sono ruim faz com que o organismo libere mais cortisol diante de desafios.[4] Ou seja, a privação de sono contribui para que o nosso sistema de estresse seja ativado mais facilmente e com maior intensidade em face de pequenos estímulos, sem ninguém para o controlar.

O cérebro humano tem sistemas diferentes que funcionam quando estamos acordados ou quando estamos dormindo. No sono, o hipotálamo – uma das estruturas do eixo neuroendócrino do estresse – desativa o sistema de alerta[5] e o cérebro transmite um sinal calmante para o sistema simpático.

É durante o sono profundo que o corpo realmente descansa e a mente tem a chance de processar o que viveu. Enquanto dormimos, nosso cérebro organiza as memórias do dia, calibra as emoções e lida com experiências relacionadas a situações ameaçadoras, mas em um ambiente seguro e "*off-line*".[6] Isso permite que a mente ensaie formas mais adequadas de responder ao estresse. Assim, ao acordar, podemos lembrar de situações emocionalmente difíceis sem acionar a resposta de estresse de forma tão intensa. Já diziam nossas avós: "Nada que uma boa noite de sono não resolva".

Quase todas as pessoas que recebo no meu consultório e que querem aliviar o estresse apresentam alguma questão com o sono. Muitas são mães com filhos pequenos que, após meses sem dormir direito, se encontram à flor da pele. Outras estão passando por um tratamento para o câncer e, seja pelos remédios, seja pela preocupação, perdem o sono reparador. Tem ainda as mulheres às voltas com a menopausa, com ondas de calor terríveis que geram um cobre/descobre sem fim que acaba com a noite. Durante o dia, ansiedade, irritabilidade e falta de ânimo aparecem. Esses sintomas poderiam levar a um diagnóstico de depressão ou transtorno de ansiedade, mas com certa frequência são apenas manifestações de um sono não reparador.[7]

Assim como um sono de má qualidade piora o estresse, o estresse também pode perturbar o sono. Em fases mais sobrecarregadas, é só eu deitar a cabeça no travesseiro, exausta, para minha mente acelerar e todos os problemas do dia estatelarem meus olhos. Quando estamos estressados, o corpo trabalha acelerado, com um maior metabolismo que aumenta, literalmente, a temperatura do nosso sistema, inibindo o estímulo ao sono. Com o sistema simpático hiperativo, cortisol e adrenalina em grande quantidade fazem o coração acelerar, dificultando a transição da vigília para o sono inicial e deste para o profundo. A ativação do sistema límbico deixa a mente hipervigilante e com atividade de pensamento acelerado. Por fim, o sono profundo fica fragmentado e acordamos "quebrados".[8]

Além dos efeitos relacionados ao sistema de estresse em si, um sono insuficiente ou de má qualidade impacta o funcionamento do sistema imunológico, reduz a capacidade de atenção e aprendizado, desregula a sensação de fome e saciedade. O grande problema é que, ao longo dos dias e meses dormindo pouco ou mal, perdemos o referencial e passamos a achar que esse é o nosso "normal". Eu descobri isso quando fui passar minha quarentena na praia. Sempre me achei uma boa dormideira. Ali, de férias, sem grandes preocupações, com os horários tranquilos, descobri que o meu natural é dormir uma hora a mais do que eu estava habituada. Passei a deitar e levantar sempre nos mesmos horários, sem ter que fazer esforço para isso, e diminuí grandemente o meu consumo de café, mantendo uma disposição que não sabia que eu tinha.

O sono é um dos elos perdidos para a nossa saúde. É o primeiro passo, na verdade o passo zero, para conseguirmos quebrar o ciclo vicioso de privação de sono levando a estresse e vice-versa. Uma boa maneira de saber se o seu sono está adequado é usando algumas perguntas:

- Se você pudesse, dormiria um pouco mais?
- Conseguiria voltar a dormir por volta de 10 ou 11 horas da manhã?
- Você precisa de cafeína ou outro estimulante para funcionar otimamente antes do meio-dia?

Se você respondeu sim a alguma dessas perguntas, seu problema pode ser pouco tempo de sono ou a baixa qualidade dele. Antes de buscar imediatamente um sonífero, mesmo que natural, muitas medidas simples devem ser implementadas. Comportamentos relacionados à higiene do sono e técnicas de relaxamento são alguns exemplos.

As práticas *mente corpo* funcionam reduzindo o hiperestímulo fisiológico do estresse, ajudam a diminuir a ruminação e trazem consciência para como estão nossos hábitos relacionados ao sono.

Essas práticas não funcionam como remédios para dormir, mas nos ajudam a perceber se estamos com sono ou se apenas estamos evitando ficar acordados, se a mente e o corpo estão prontos para dormir e nos trazem consciência dos pensamentos, sensações e emoções que permeiam nosso momento de deitar. São um recurso muito eficaz quando usadas em conjunto com a Terapia Cognitivo-Comportamental, o principal tratamento para insônia nos dias atuais.

Os dez passos iniciais para um sono antiestresse

1. Tenha uma rotina de horário para acordar e para deitar, que se mantém também no final de semana.
2. Durma uma quantidade adequada. Para um adulto o ideal de horas de sono é de 7-9 (com raríssimas exceções, e você provavelmente não é uma delas).
3. Evite substâncias que rompem a qualidade do sono, como cafeína, nicotina, álcool, de preferência após as 14 horas.
4. Evite refeições pesadas 2 horas antes de dormir.
5. Evite sonecas após as 15 horas.
6. Exponha-se à luz natural por pelo menos 30 minutos pela manhã.
7. Reduza a exposição às telas, principalmente próximo à hora de dormir.
8. Cultive uma rotina relaxante antes de deitar.
9. Mantenha um ambiente no quarto que convide ao sono (fresco, escuro, confortável e sem distrações).
10. Use a cama apenas para dormir. Evite ficar longos períodos acordado nela.

Se você já tentou todos esses recursos, sem sucesso, procure ajuda de um profissional!

ALIMENTAÇÃO

Venho de uma família que celebra a comida! De um lado somos italianos, e, como diria meu avô Otávio, gostamos de comida "que faz sangue". Do outro lado somos libaneses: refeição farta e variada. Minha avó Norma só tirava a comida da mesa quando era hora de colocar a próxima refeição.

Eu cresci assim, entendendo que comida era sinônimo de alegria, conexão e saúde. Mas sempre gostei de comida de verdade. Quando bebê, só com dois dentes na boca, eu comia a cebola crua direto da fruteira. Na pré-escola entrei cinco vezes na fila da salada de frutas, até que a professora ligou para minha mãe perguntando se eu poderia comer pela sexta vez.

De lanche eu gostava de levar cenoura, tomate e até tentava levar a tal da cebola, mas nesse ponto minha mãe intervinha - para tudo na vida tem limites! Enquanto isso, meu irmão só comia arroz puro ou frango "bege claro" - que era apenas cozido e sem nenhum tempero. É a velha história, fomos criados com os mesmos hábitos alimentares, mas cada um desenvolveu paladares bem diversos.

Comer continua sendo sinônimo de alegria para mim, cozinhar segue sendo uma forma de demonstrar carinho. Hoje entendo, dentro da minha experiência como médica, que cozinhar e comer vão muito além disto!

Comida, mais do que energia para o corpo, é informação para o cérebro. Isso não é difícil de entender: antes de nos alimentar, a comida que ingerimos alimenta as bactérias, vírus e fungos que vivem no nosso intestino (também conhecidos como microbiota intestinal). É essa turma que produz uma série de substâncias, entre elas a serotonina, que nesse caso tem uma ação local, regulando os movimentos intestinais, soltando, prendendo ou fazendo seu intestino funcionar como um reloginho. Tem também uma ação a distância, estimulando o nervo vago a mandar sinais para o cérebro de que está tudo bem ou de que as coisas vão mal.

Ou seja: comida de verdade, como aquela feita pelas nossas avós, manda informação para o cérebro de que estamos seguros, e assim ele devolve um sinal para o corpo de que podemos relaxar. Por outro lado, comida de mentirinha - aquela industrializada, cheia de conservantes - acaba com a turma do bem do intestino e manda uma informação para o cérebro de que estamos sob ameaça! O cérebro então devolve para o corpo sinais que ativam a resposta de estresse.

Quando me sinto estressada, eu corro para um chocolatezinho. Qual é o seu antídoto alimentar para os momentos de tensão? Não precisa ficar sem jeito se você respondeu doce, salgadinho ou hambúrguer. Olha só este estudo feito com universitárias: os pesquisadores deixaram em cima da mesa potes com chocolate, uvas, amendoim e salgadinho de batata frita (que eu amo!). As moças eram divididas em dois grupos, um que passava por um teste estressante e o outro não. Depois os potes eram pesados para ver quais alimentos tinham sido mais consumidos, e foi batata! (Brincadeira, é só um trocadilho.) O alimento mais consumido após um estímulo estressante foi o chocolate, enquanto no grupo não estressado foi uva.[9]

Além de comer pior, 7 em cada 10 pessoas comem mais quando estão estressadas por muito tempo. Cada vez mais estudos mostram que o estresse crônico pode influenciar diretamente nosso comportamento alimentar e favorecer o acúmulo de gordura, especialmente na região abdominal. Isso acontece porque a ativação constante do eixo HHA libera quantidades elevadas de cortisol. Esse hormônio, além de preparar o corpo para reagir, também se conecta com áreas do cérebro responsáveis pela sensação de recompensa e prazer. Com isso, aumenta a vontade por alimentos muito calóricos e saborosos, como doces e ultraprocessados, que temporariamente aliviam o estresse. Já no longo prazo, o corpo pode se habituar a esse tipo de resposta, tornando o comer por estresse mais frequente e compulsivo.[10]

O equilíbrio delicado entre hormônios que regulam o apetite e o gasto energético também se desorganiza. A elevação do cortisol leva à resistência à insulina e à leptina e ao aumento do neuropeptídeo Y, contribuindo para a sensação de fome insaciável.[10]

O estresse pontual, de curta duração, pausa a digestão, diminui a secreção de saliva e suco gástrico, reduz a movimentação do intestino e aumenta a capacidade de proteção contra infecções no trato digestivo. Já o estresse prolongado reduz a camada protetora de muco intestinal, rompe a barreira celular, tornando o intestino mais permeável à entrada de germes e substâncias inflamatórias, torna o sistema digestivo mais suscetível à dor e pode alterar a motilidade, levando à diarreia ou à constipação.[11]

Sob pressão prolongada o corpo trabalha mais rápido e por isso precisa de mais energia e de maior quantidade de micronutrientes (vitaminas e minerais), que são as chaves que ligam os processos de produção de proteínas, neurotransmissores e hormônios. Por exemplo, para transformar o aminoácido triptofano no neurotransmissor serotonina, precisamos de ferro, fósforo, cálcio e vitamina B6. Para que a serotonina vire melatonina é necessário zinco.[12] Eu nunca vi ninguém comer brócolis quando está estressado, mas é exatamente isso que a gente deveria fazer! Nossa tendência quando estamos sobrecarregados é reduzir o consumo de frutas, legumes e verduras, ricos em micronutrientes, e aumentar o consumo de alimentos recheados de conservantes, aditivos e adoçantes.

Um padrão alimentar em que predominam alimentos ultraprocessados, como carnes embutidas, frituras, refrigerantes, açúcar, comidas prontas – tudo aquilo que encontramos no mercado – está associado à maior incidência de ansiedade e à depressão. Por outro lado, uma alimentação rica em comidas naturais, minimamente processadas, como frutas, legumes, verduras, grãos e cereais integrais, peixes e castanhas – a turma da feira –, associa-se à maior sensação de bem-estar e felicidade.[13]

Isso acontece pois há uma ligação íntima entre o que se passa na barriga e o que acontece na cabeça. É o chamado eixo cérebro-intestino, em que informações circulam por via direta, através de estímulos elétricos do nervo vago, que sai do cérebro e tem ramificações na parede do intestino, e por via indireta, através de hormônios, substâncias inflamatórias, neurotransmissores e metabólitos que circulam pelo sangue após serem produzidas pelas células intestinais, imunológicas e pela microbiota intestinal.

Os pequenos seres, mais de um trilhão de bactérias, vírus, fungos, todo um ecossistema que vive dentro de nós, têm funções importantes, como melhora da absorção de nutrientes, manutenção da integridade da barreira intestinal, proteção contra infecções, síntese de neurotransmissores, modulação do sistema imunológico e sinalização do sistema de estresse.

Micróbios do grupo *Lactobacillus reuteri* estão envolvidos na sinalização do nervo vago para produção de ocitocina, substância responsável pela formação de vínculos sociais, tão fundamentais para a regulação da resposta de estresse. Já os *Lactobacillus rhamnosus* induzem a liberação de GABA, um neurotransmissor que reduz a responsividade ao estresse e diminui o comportamento ansioso. A presença de *Bifidobacterium longum* também reduz comportamentos ansiosos e depressivos e aumenta a liberação de BDNF, sigla em inglês para o fator neurotrófico derivado do cérebro, substância que promove o crescimento e regeneração de neurônios.[14] O padrão da microbiota intestinal parece intervir no ritmo de liberação do cortisol ao longo do dia, tendo um impacto significativo nos eixos que regulam o estresse.[15] Esses são apenas alguns exemplos de como nosso ecossistema funciona.

Esses microrganismos são alimentados pelo que comemos e podem entrar em desequilíbrio quando comemos mal, impactando a saúde mental. Pessoas que comem predominantemente ultraprocessados têm um risco 81% maior de desenvolver depressão.[16] Além da própria alimentação, o estresse crônico leva à disbiose (o desequilíbrio da microbiota), com redução de micróbios que regulam o estresse e aumento dos que causam infecção e inflamação, além de alterar seu material genético.

Fica aqui a pergunta sobre quem veio primeiro: o ovo ou a galinha? O estresse crônico causa alteração da contratilidade do tubo digestivo, maior fragilidade da parede intestinal, aumento da inflamação, redução da produção de neurotransmissores e desequilíbrio da microbiota. Ao passo que a alteração da microbiota leva à desregulação do eixo de resposta ao estresse e maior tendência a sintomas de ansiedade e depressão.

Comer bem, comer zen

Não é uma única comida ou nutriente que nos torna mais capazes de lidar com o estresse, mas sim o padrão da nossa alimentação. A chamada dieta mediterrânea é o melhor jeito de comer para manter uma microbiota saudável e uma boa capacidade de desestressar. Para montar um prato zen, pense em compor a refeição com os seguintes alimentos:

- Ricos em fibras, como frutas e legumes.
- Variedade de cor e tipos de alimentos.
- Produtos fermentados, como kombucha, iogurte e chucrute, que funcionam como probióticos naturais.
- Ricos em ômega 3, como peixes de água fria (sardinha e salmão) e castanhas.
- Grãos e cereais integrais.
- Evite os alimentos ultraprocessados, carne vermelha e embutidos com muita frequência.

Já dizia Hipócrates, o pai da medicina, que o alimento seja o seu remédio. De fato, a comida é mais do que nutriente. É um arsenal químico com potencial terapêutico que pode e deve ser utilizado para nos ajudar a ter mais recursos para lidar com o estresse.[17]

Se damos atenção ao comer, passamos a ter prazer saboreando lentamente os alimentos, comendo com os olhos, nariz, ouvidos e não somente com a boca. Quando a comida é importante, reunimos à mesa pessoas queridas e a refeição se torna um momento de celebrar e compartilhar. Estar rodeado por essas pessoas é um apoio fundamental para a saúde integral.

Então, que tal repensar não só O QUE você anda comendo, mas também COMO tem feito isso e trazer um pouco mais de atenção para esse momento?

Aí vão algumas sugestões:

- Arrumar uma mesa bonita e deixar o ambiente acolhedor ajuda a reduzir o estresse. Quando estamos relaxados tendemos a comer mais calmamente, saboreando o alimento, e nos sentimos bem com menos quantidade.
- Colocar talheres menores (de sobremesa) ajuda a dar garfadas menores. Repousar o talher ao lado do prato após cada garfada naturalmente faz a gente gastar mais tempo mastigando e reduz o tempo entre uma bocada e outra. Assim você degusta mais cada pedacinho e precisa de menos quantidade para ficar feliz.
- O ato de mastigar ajuda a reduzir o estresse. Alguns estudos feitos em animais mostram que a mastigação tem uma via direta de comunicação com o eixo HHA, diminuindo a resposta de estresse no corpo. Ou seja, se você quer desestressar, capriche na mastigação.[18]

Cozinhar em casa também tem suas vantagens! Uma pesquisa com mais de 11 mil ingleses mostrou que as pessoas que comiam comida caseira em mais de 5 refeições por semana tinham menos gordura corporal e menor índice de massa corporal quando comparadas a pessoas que comiam menos de 3 refeições feitas em casa na semana. E, claro, comiam mais frutas e vegetais.[19] Pesquisas também nos mostram que conforme a população foi comendo cada vez mais fora de casa, os índices de sobrepeso, obesidade e diabetes foram aumentando.

Fica aqui meu convite para você resgatar os cadernos de receita da família e colocar a mão na massa! Cozinhar em casa, além de saudável, pode ser divertido e estimular sua criatividade, ou seja, uma excelente maneira de relaxar!

MOVIMENTO

Estar vivo é estar em movimento! O coração bate, o sangue flui, os pulmões contraem e expandem. Quanto mais sedentários, maior a chance de adoecer. O corpo humano foi feito para o movimento. Nossos ancestrais – incluindo o *Homo sapiens*, que surgiu há cerca de 200 mil anos – precisavam se movimentar bastante para sobreviver. Caminhavam longas distâncias, caçavam, colhiam alimentos, fugiam de predadores, carregavam objetos pesados e faziam outras tarefas que exigiam esforço físico, tanto leve quanto intenso.

Com o passar do tempo, especialmente após a Revolução Industrial, nosso estilo de vida mudou radicalmente. A tecnologia e o contexto moderno tornaram o movimento cada vez menos necessário no dia a dia, e o comportamento sedentário passou a ser mais comum. Essas mudanças, embora tenham trazido avanços em várias áreas, também contribuíram para o surgimento de muitas das "doenças da civilização" que enfrentamos hoje.[20]

De tanto ficarmos parados esquecemos que todo movimento é atividade física e não apenas o que fazemos na academia! Caminhar, subir escada, brincar com os filhos, dançar, limpar a casa, cuidar do jardim. Mover o corpo de forma estruturada e com um objetivo específico, atividades como musculação, corrida e pilates, são chamadas de exercício físico.

O exercício físico é uma forma de ensinar o corpo a lidar melhor com o estresse. Quando nos exercitamos damos um estímulo de estresse para o organismo e liberamos adrenalina. Ao terminar a atividade, o corpo volta ao seu funcionamento normal e com isso aprende a se recuperar. Esse aprendizado é "traduzido" e é aplicado também a outras situações, como um problema no trabalho ou uma discussão com uma pessoa querida.

Após um exercício intenso, há alteração do eixo HHA, com redução da liberação de cortisol e recuperação mais rápida ao estado normal em uma futura situação de desgaste emocional. Acredita-se que esse mecanismo ocorre por uma adaptação cruzada, em que a resposta do corpo ao exercício físico modula e ameniza a resposta ao estresse psicológico.[21]

Além do eixo neuroendócrino, a prática regular de exercícios físicos tem efeitos muito positivos sobre o funcionamento do sistema nervoso central. Ela ajuda a melhorar o humor, a memória, a capacidade de aprendizado e fortalece mecanismos de proteção do cérebro. Algumas substâncias produzidas pelo músculo caem na corrente sanguínea, ultrapassam a barreira para dentro do cérebro e lá estimulam a produção no hipocampo de BDNF, promovendo o crescimento dos neurônios e a capacidade do cérebro de fazer novas conexões neurais.[22] O exercício também contribui para reduzir a inflamação e favorece o bom funcionamento das células cerebrais, ajudando a eliminar o lixo celular e as organelas danificadas.[23]

Essas adaptações fisiológicas se traduzem em melhor tolerância ao estresse, redução de comportamentos relacionados à ansiedade e melhor desempenho cognitivo sob pressão. Também já está para lá de comprovado que o exercício físico melhora a qualidade do sono, o que contribui ainda mais para redução do estresse.[24]

Mexer o corpo é um tratamento para condições relacionadas ao estresse como depressão e ansiedade. Um estudo com mais de 14 mil participantes mostrou que, para o tratamento da depressão, diversas modalidades de exercício são bem toleradas e eficazes, particularmente caminhada ou corrida, ioga e treinamento de força. Para quadros leves os efeitos foram comparáveis à psicoterapia e ao uso de medicamentos antidepressivos.[25] Quando combinamos essas intervenções, melhor ainda. O exercício físico aeróbico, mesmo em pequenas quantidades, também pode ser considerado um ansiolítico natural, visto que tanto regula a atividade da amígdala cerebral quanto melhora a conexão entre o cérebro adaptativo e o reativo.[26]

Além de todos esses benefícios, fazer atividades em grupo aumenta a interação social, diminui a sensação de solidão e amplia a rede de suporte social, condições que reduzem a percepção de estresse.[27]

Outra forma de espantar o estresse através do corpo é alongando, bocejando e espreguiçando! A pandiculação (o alongamento involuntário que acontece ao bocejarmos e espreguiçarmos) movimenta não apenas os músculos, mas também os tendões e a "roupa" que recobre os músculos, conhecida como fáscia. Esses movimentos simples (e tão gostosos) são como um rito de passagem. Eles têm o poder de regular o sistema nervoso autônomo, acordar o cérebro para que ele interaja com o mundo e organizar o corpo para que ele fique pronto para o movimento. É uma forma natural de se autorregular e manter o corpo em equilíbrio.

O alongamento, por sua vez, faz a mesma coisa de forma voluntária. Quando esticamos o corpo, é liberada uma substância chamada resolvina, que reduz a inflamação acumulada nos músculos e tecido conjuntivo, melhorando quadros de dor e trazendo a sensação de bem-estar.[28] Inicialmente, durante o alongamento, o sistema nervoso simpático é ativado, aumentando a frequência cardíaca. Logo após o seu término ocorre um efeito oposto: a atividade parassimpática aumenta e a influência simpática diminui, promovendo relaxamento e recuperação. Tal impacto pode ser observado pela variabilidade da frequência cardíaca, indicando melhor equilíbrio autonômico.[29] Esse benefício é observado também nas pessoas com menor flexibilidade, tornando o alongamento uma ferramenta eficaz para relaxamento e recuperação.[30]

Podemos fazer os alongamentos de forma mais atenta e associada à respiração, como acontece na prática de ioga. Nesse caso,

QUADRO 5 Incorporando movimento na rotina para alívio do estresse

Atividade	Como começar	Dicas para manter o hábito
Caminhada leve	Comece com 5 a 10 minutos por dia, em casa ou na rua	Use calçados confortáveis, aproveite para ouvir música ou *podcasts* e aumente o tempo aos poucos
HIIT (Treino Intervalado de Alta Intensidade)	Comece com 5 a 10 minutos de exercícios alternando esforço e descanso	Escolha exercícios simples como polichinelos ou agachamentos, respeite seus limites e ajuste a intensidade conforme sua capacidade

(continua)

(continuação)

Atividade	Como começar	Dicas para manter o hábito
Alongamento simples	Faça movimentos suaves ao acordar ou antes de dormir	Respire profundamente e alongue-se sem pressa, prestando atenção ao corpo
Ioga para iniciantes	Experimente posturas básicas, como alongar os braços ou pernas	Escolha vídeos ou aulas acessíveis e respeite seu ritmo, sem se comparar com os outros
Movimentos durante o dia	Levante-se e mexa-se um pouco a cada hora	Estique-se ao trabalhar, caminhe dentro de casa e use lembretes para se movimentar
Atividades prazerosas	Dance, brinque com animais ou faça jardinagem	Escolha algo que te divirta para tornar o movimento natural e agradável

Não esqueça:

- Se você está parado há muito tempo, comece devagar, sem pressão, e celebre cada pequeno avanço.
- Ouça seu corpo e adapte os movimentos conforme sua necessidade.
- Encontre momentos que encaixem na sua rotina sem esforço, como ao acordar ou antes de dormir.
- Se possível, busque companhia ou recursos *on-line* para tornar a prática mais motivadora.
- Movimentar-se não precisa ser difícil! Pequenos gestos diários já fazem diferença.

é possível observar a redução dos níveis de cortisol salivar, sinal ainda maior da redução do estresse fisiológico.[31]

NATUREZA

Brisa do mar, cheiro de mato, silêncio da montanha. Além de fazer bem aos olhos, estar em contato com a natureza faz bem para a saúde física e mental. No Japão há muitos anos se estudam os benefícios do Shinrin-Yoku,[32] ou Banho de Floresta, que nada mais é do que estar em contato com a natureza, mas com um detalhe muito importante: utilizando os nossos sentidos para contemplá-la.

Observar a paisagem, sentir o cheiro, ouvir os sons das folhas farfalhando ou dos pés caminhando pelos galhos secos caídos, sentir a temperatura mais fria dentro da mata ou o calor do sol no descampado, pode melhorar a imunidade, normalizar a pressão sanguínea, reduzir sintomas de ansiedade e depressão. Fisiologicamente, a imersão na natureza está associada a reduções no cortisol, na frequência cardíaca, bem como a aumentos na variabilidade da frequência cardíaca, indicando aumento da atividade parassimpática e levando o organismo a entrar em resposta de relaxamento.[33] Esses efeitos podem ser observados com apenas 1 hora de caminhada na natureza.[34] Isso se deve não só à experiência sensorial, mas também a algumas substâncias chamadas fitocidas, que são produzidas pelas árvores. É o tal do "cheiro do mato".

Caminhar na natureza também traz a sensação de segurança, bem-estar e calma, reduz a ativação da amígdala cerebral, regulando o cérebro reativo, e aumenta a sensação de energia e vitalidade, o que não acontece quando caminhamos em um ambiente urbano.[35] Dar um passeio no bosque, descobrir o colorido de um jardim, contemplar o pôr do sol da janela, caminhar ao redor de um parque. Por todo lado há um cantinho para se conectar com a natureza, deixar os problemas de lado e permitir ao corpo retomar seu ritmo natural. Mesmo um pequeno espaço com plantinhas em casa já é capaz de aliviar o estresse.[36]

Contemplar as paisagens naturais abre espaço para que novas ideias apareçam. Ao estar em contato com a natureza, nossa capacidade de resolver problemas e ser mais criativo aumenta em 50%, já que aumenta a atividade de uma rede especial de neurônios chamada *Default Mode Network* – a rede de modo padrão.[37]

Além de ter uma minifloresta atlântica na minha casa, eu tenho a sorte de morar em frente a um terreno com uma pequena mata "selvagem". Passo muito tempo observando o balançar das folhas, entendendo quando minhas plantas precisam de mais água ou estão querendo ficar um pouco mais no sol. Percebo a mudança do horários dos pássaros que voam logo cedo e no fim do dia, a depender da estação do ano. Há algo transformador em criar, ainda que por poucos minutos, um momento de desconexão com o mundo tecnológico. Em meio à correria dos nossos dias, essa pausa é quase um resgate – uma pequena reconciliação entre o nosso corpo, a nossa mente e aquilo que nos rodeia.

A prática da contemplação da natureza não exige uma floresta. Ela pode acontecer no espaço mais comum da casa – uma varanda com alguns vasos, o parapeito da janela onde cresce uma suculenta teimosa, uma samambaia que balança discretamente com a brisa. Ao nos colocarmos diante dessas presenças vivas, ao nos abrirmos para observar sua cor, sua forma, seu movimento sutil, começamos a praticar a escuta e o toque atentos. Quando o vento passa e move as folhas, algo dentro de nós também se move – um fio de conexão se estabelece, discreto, mas profundo.

Nesse simples gesto de parar para observar, reencontramos algo que muitas vezes se perde no cotidiano: o modo estar. A planta ali, silenciosa, bela, insiste em existir. Nesse estar, ela nos lembra que a vida acontece mesmo quando não estamos olhando e que a beleza pode estar disponível nos dias mais turbulentos.

Mesmo quem não consegue sair de casa pode viver a experiência de estar presente diante da natureza – ou dentro dela. O banho de floresta não exige necessariamente grandes deslocamentos, mas sim disposição para estar ali por inteiro. É nesse estado de imersão que aprendemos a observar os ciclos, as transformações, os ritmos. Isso nos ensina algo valioso: que as coisas têm um tempo para acontecer. Aprendi com o querido terapeuta de florestas Fernando César de Souza que podemos "adotar" um cantinho da cidade e voltar várias vezes nele para observar como se transforma ao longo da passagem do ano. Registrar essa transformação em palavras ou fotografias nos permite observar o que também se moveu em nós a cada visita.

Essa é uma das maiores lições da natureza. Ao acompanharmos uma árvore florescer ou uma folha secar, compreendemos que há um tempo que não se apressa. E, como nós também somos natureza, é inevitável perceber em nós que as coisas precisam do seu próprio tempo. Em momentos de sofrimento – seja nosso ou de quem cuidamos –, é comum buscarmos soluções rápidas. Queremos alívio imediato, respostas urgentes, saídas definitivas. Mas o contato com a natureza nos lembra que a transformação tem seu compasso único.

Ao praticar esse tipo de presença, algo dentro de nós começa a se restaurar. A atenção, dispersa e fragmentada, volta ao centro. A vitalidade retorna, o tônus corporal muda, a respiração se aprofunda. Essa reconexão corporal – com o toque, com a respiração, com o ritmo interno – é ainda mais importante para quem vive em contextos de cuidado, especialmente diante de doenças graves ou do sofrimento de alguém próximo. Nesses momentos, é essencial perguntar: o que o movimento do mundo provoca dentro de mim? Quando cuidamos do outro, precisamos também cuidar de nossa própria estabilidade. Às vezes isso significa simplesmente respirar, olhar para o céu, observar uma flor ao sol do fim da tarde.

A natureza nos ensina a desacelerar. Esse talvez seja o seu maior presente e o maior antídoto contra o estresse. Aprender a respeitar o tempo das coisas, a restaurar o que estava disperso, a escutar, com o corpo inteiro, a mensagem sutil que a vida nos oferece.

Contemplando a natureza

Este exercício é um convite para desacelerar e cultivar presença por meio da observação da natureza. Não é preciso estar em uma floresta ou fazer uma trilha para se reconectar. Mesmo um pequeno vaso em casa pode ser a porta de entrada para um estado mais atento, sensível e restaurador.

1. Escolha o seu lugar

Pode ser um parque, um jardim, uma praça tranquila, a varanda da sua casa ou um canto da sala onde vive uma planta. O importante é que você se sinta seguro e possa estar ali por alguns minutos sem pressa.

2. Chegue devagar

Ao chegar, reduza o ritmo. Diminua o passo, solte os ombros, respire algumas vezes de forma consciente. Permita-se chegar com o corpo inteiro, não só com a cabeça.

3. Observe o que te chama

Sem buscar nada específico, apenas olhe ao redor. Há algo que chama sua atenção? Pode ser uma folha, uma flor, uma pedra, um tronco, uma sombra. Aproxime-se gentilmente desse elemento.

4. Ative os sentidos

Visão

Observe as cores, formas, texturas. O que muda quando a luz incide de outro ângulo?

Toque

Se for possível, encoste com cuidado. Como é a textura? Fria, áspera, úmida?

(continua)

(continuação)

Audição

Que sons estão presentes? O farfalhar das folhas, o canto de um pássaro, o silêncio?

Olfato

Há algum aroma no ar? Um cheiro de terra, de flor, de vento?

Paladar (opcional)

Se estiver em um local seguro e apropriado, e você reconhecer plantas comestíveis, pode ser interessante saborear uma folha, um fruto. Caso contrário, apenas note a salivação ou sensações na boca.

5. Permaneça

Não há nada para fazer. Apenas permaneça alguns minutos nesse estado de presença silenciosa. Se pensamentos surgirem, observe e retorne gentilmente à sua experiência sensorial.

6. Leve a sensação

Ao terminar, leve essa calma com você para o restante do dia.

13

Enxergando por outras lentes: recursos psíquicos

Vamos fazer um rápido exercício para entender como percebemos o mundo. Deixe que seu olhar percorra o ambiente em que você está, sem pressa, apenas notando o que está presente. Mesmo que seja um lugar familiar, tente explorá-lo com a curiosidade de quem nunca esteve ali antes.

Repare onde sua atenção pousa primeiro. Algumas pessoas logo notam o que está fora do lugar: a teia de aranha no canto do teto, a pintura descascando, a cola mal acabada na estante recém-instalada. Se esse for o seu caso, você não está sozinho. Nosso cérebro tem uma tendência natural, chamada viés perceptivo, de identificar riscos, falhas e imperfeições. É uma forma de proteção, principalmente em pessoas que vivem com o sistema de alerta constantemente ativado, como acontece em estados de ansiedade ou estresse crônico.

Agora vamos treinar a flexibilidade da atenção. É possível direcionar o olhar de forma intencional, com gentileza, para aquilo que nos traz conforto, beleza, segurança. Tente olhar novamente ao seu redor e busque, por algo que desperte em você uma boa lembrança, uma sensação de aconchego ou apenas um momento de pausa.

Esse exercício simples marca o começo de uma jornada mais ampla: aprender a ver o mundo com outras lentes. Não ignorando os desconfortos, mas abrindo espaço também para o que nutre e sustenta. Aos poucos podemos redescobrir que, mesmo dentro de nós, há sempre algo novo a ser visto.

Os "óculos invisíveis" usados pelo nosso cérebro fazem com que a gente não enxergue o mundo de forma neutra, mas sim a partir das nossas experiências anteriores, medos, dores e vivências, filtrando tudo o que vemos e sentimos para modelar o significado que damos às coisas. É como se cada pessoa tivesse um par de lentes únicas que moldam a forma como se percebe a realidade.

Funciona assim: imagine que você está em um ambiente com muitas pessoas. Automaticamente, seu cérebro começa a buscar os rostos que mais chamam sua atenção. O que vai te atrair primeiro depende das suas "lentes". Prestamos atenção naquilo que é mais relevante para nós. Se você vive há muito tempo em estado de alerta, pode acabar focando, sem querer, os rostos que parecem tristes, com raiva ou assustados e nem observar os rostos felizes. Ou seja, sua atenção inconscientemente está programada para detectar sinais de perigo, mesmo que eles não estejam ali de fato. É o chamado viés atencional. Muito dessa programação se dá pela biologia do corpo. Se estamos em resposta de estresse constante, tendemos a direcionar a atenção para o perigo. Se estamos na fisiologia do relaxamento, a atenção pode focar o que é belo e prazeroso.

Além desse direcionamento instintivo da atenção, podemos ter a interpretação viciada. Nesse mesmo ambiente, quando vemos um rosto neutro, sem nenhuma emoção clara, podemos interpretá-lo como bravo, triste ou feliz. Isso mostra dois tipos de distorção: uma na **atenção** (o que você vê) e outra na **interpretação** (como você entende o que vê).[1] Essas distorções afetam o modo como lidamos com as pessoas, com as situações e até conosco.

É como aquele ditado: "Quando João fala de Maria, eu aprendo mais sobre João do que sobre Maria". Ou seja, o que a gente percebe no outro fala muito mais sobre os nossos filtros do que sobre quem o outro realmente é.

Esses vieses impactam o jeito como pensamos, conforme comecei a te contar na história dos dois lobos, no capítulo 4, lembra? Sob situações de estresse tendemos a ter pensamentos automáticos muitas vezes distorcidos por essas lentes através das quais enxergamos o mundo, que por sua vez são influenciadas pelas nossas experiências prévias e pela base de dados que fomos construindo ao longo da vida. São as distorções cognitivas ou pensamentos disfuncionais.

Já falei bastante sobre esses padrões antes, então agora quero te contar uma boa notícia: como o nosso cérebro é altamente moldável, é possível treiná-lo para reconhecer os pensamentos automáticos e desenvolver novas formas de perceber e interpretar o mundo. O treino da atenção – feito por meio da meditação e de práticas de atenção plena – nos ajuda a notar esses pensamentos no momento em que surgem. Ao mesmo tempo, ampliar nosso repertório mental permite construir uma nova base de dados interna, ou seja, trocar as lentes com as quais enxergamos a realidade. Juntas, essas estratégias nos ajudam a lidar melhor com o estresse e a fortalecer nossa capacidade de adaptação e resiliência.

Recursos cognitivos são bastante estudados na psicologia e têm se mostrado eficazes para reduzir sintomas de estresse, ansiedade e depressão.[2] Incluem, por exemplo, a psicoterapia, a terapia cognitivo-comportamental, a terapia de aceitação e compromisso e a terapia focada na compaixão. Vou falar com mais profundidade sobre dois **Recursos de adaptação psíquicos** que fazem parte da **Abordagem S.E.R.**: a **desfusão** e a **reavaliação cognitivas**.[3] Parecem termos complexos, mas são estratégias simples.

Desde que comecei a meditar, fui desenvolvendo o recurso de desfusão cognitiva. É basicamente criar um distanciamento mental dos pensamentos para observar as situações com menos reatividade, sem "discutir" com eles. Pensamentos são pensamentos e nem sempre representam fatos reais, embora possamos estar tão envolvido com eles que começamos a acreditar nisso. Uma metáfora que ajuda a entender esse conceito é imaginar que sua mente é o céu, e seus pensamentos são nuvens que passam. Algumas são leves, outras escuras e pesadas. A desfusão cognitiva é perceber que você não é as nuvens, mas sim o céu que observa. Você pode ver os pensamentos passando, sem precisar, necessariamente, acreditar neles.

Em vez de nos deixarmos arrastar pelo pensamento, quando o observamos com curiosidade ele se dissolve, assim como bolhas de sabão quando tentamos tocá-las. Da próxima vez que perceber um pensamento surgindo, pergunte-se de onde ele veio, para onde ele vai, será que ele dura? Essa é uma boa forma de tomar consciência de que nossos pensamentos são voláteis. Outra forma de sair da fusão é colocar etiquetas neles, como preocupação, planejamento, memória, autocrítica.

Mais uma forma de criar distanciamento é dizer para si mesmo "eu observo esse pensamento" e depois "eu observo minha mente pensando sobre esse pensamento". Conforme vamos nos afastando, vemos com mais clareza. O pensamento, principalmente o negativo, se torna cada vez menos concreto. É como um rótulo que perde a cola e desgruda facilmente. Quando damos um passo atrás, colocamos as situações e os pensamentos em um contexto mais amplo, o que nos faz mudar de perspectiva.

Ao observarmos os nossos pensamentos, fica fácil reconhecer alguns padrões que se repetem, mesmo diante de estressores bem distintos. Eu tenho o hábito de exagerar e deixar as situações um pouco catastróficas. Outras pessoas tendem a focar os aspectos negativos de uma situação, ignorando os pontos positivos. Essa forma de funcionamento automático tem um porquê: poupar energia! Quando automatizamos a forma de pensar, não há esforço em bus-

car novos caminhos mentais. Mas nem sempre esse padrão aprendido através de experiências passadas é a melhor resposta para o momento atual.

Sabendo disso, podemos treinar um novo olhar para as situações: a reavaliação cognitiva. Ela nos permite desenvolver uma visão mais realista das situações e encontrar respostas mais adequadas para lidar com o estresse. Algumas perguntas simples nos ajudam a questionar o modo como estamos interpretando a situação e a encontrar novas perspectivas.

O que passa pela nossa cabeça é muito influenciado pelo estado do corpo. Quando estamos tensos, com o coração acelerado e a respiração curta, é natural que nossos pensamentos também estejam agitados e com uma tendência mais negativa. Por outro lado, quando nos sentimos seguros, o corpo fica relaxado, a respiração se acalma e podemos pensar com mais clareza. Assim, antes de explorar um novo olhar, vale fazer algumas respirações calmantes para que o corpo dê suporte a uma perspectiva mental de maior adaptação.

Um jeito diferente de pensar

- Será que estou vendo a situação do jeito certo?
- O que me faz acreditar nisso?
- Será que a situação é mesmo tão ruim quanto parece?
- Como eu sei que isso vai acontecer mesmo?
- E se acontecer, será que eu consigo lidar com isso?
- O jeito como estou reagindo está me ajudando de verdade?
- Existe outro jeito de olhar para essa situação?

É claro que essa habilidade de reavaliar não surge do dia para a noite. É necessário treino para desenvolver a capacidade de mudar de lentes, mas é possível e cada vez fica mais fácil. Na **Abordagem S.E.R.** a prática frequente é o que nos permite caminhar para novas direções.

Reconhecer os padrões de pensamento disfuncional e reavaliar o modo de interpretar a realidade nos poupa muito sofrimento. Podemos dar um passo além no treino da resiliência e cultivar qualidades que favoreçam a adaptação. Uma boa maneira de encontrar qual perspectiva nos ajuda a superar as nossas distorções é se perguntar: **Qual qualidade, se eu conseguisse acessar agora, me ajudaria a lidar melhor com essa situação e faria bem para mim e para quem está ao meu redor?**

Algumas situações nos pedem perseverança, outras aceitação. Às vezes precisamos de coragem, outras de paciência. Há momentos em que a compaixão se faz necessária, outros requerem autoconfiança. São **perspectivas de adaptação** que nos ajudam a lidar com mais leveza com os nossos desafios.

O simples fato de detectar que precisamos de determinada qualidade não faz com que ela cresça em nós. É preciso investir tempo para nutri-la, e aos poucos ela vai aumentando, até que se torne natural. Uma vez que encontramos esse antídoto, começamos a fortalecê-lo dentro de nós. Podemos nos lembrar de pessoas que têm essa qualidade e nos inspirar em como elas agem. É possível trazer à mente pensamentos que se relacionam com essa perspectiva e observar como sentimos o corpo ao mantê-los por alguns momentos conosco. Podemos ainda ler sobre essa virtude ou contemplá-la em silêncio, imaginando que ela preenche todo o corpo. Deixar lembretes diários nos ajudam a manter essa **perspectiva de adaptação** sempre conosco.

O cérebro humano, por um viés evolutivo, tende a registrar mais fortemente experiências negativas do que positivas. Essa "velha programação" contribui para o estresse e a ansiedade, mas pode ser transformada por meio da neuroplasticidade. Podemos cultivar estados mentais benéficos e convertê-los em traços duradouros no cérebro com apenas 10 minutos por dia de prática.[4] A proposta é simples: ao notar uma experiência positiva - como um momento de acolhimento, gratidão ou alegria -, deve-se permanecer com essa sensação por alguns segundos e absorvê-la intencionalmente, como se ela estivesse sendo registrada nas redes neurais. Essa prática de saborear um momento positivo fortalece conexões cerebrais ligadas ao bem-estar e à resiliência emocional, ajudando a criar uma base interna de segurança e contentamento.

Algumas situações ao longo da vida nos afastam dessa sabedoria natural. Traumas, situações de vulnerabilidade, fatores genéticos, condições socioeconômicas, ausência de modelos em quem nos inspirar ou de relações significativas nos fazem desenvolver comportamentos mal-adaptativos para sobrevivermos. Entender que esses comportamentos foram os melhores recursos que tínhamos disponíveis nos ajuda a olhar para nossa história com mais autocompaixão - uma excelente qualidade a cultivar. Quando nos tornamos cientes de que podemos desenvolver novos recursos, caminhamos em direção à cura de feridas profundas do nosso viver.

Ao cultivar um modo mais gentil de nos relacionarmos com as adversidades, estamos treinando nosso cérebro adaptativo para que ele possa regular melhor o cérebro reativo. Esse **Recurso de adaptação** nos ajuda a reduzir comportamentos automáticos e inapropriados, e passamos a responder de forma mais sábia e leve aos desafios cotidianos. Essa é uma maneira elegante de nos relacionarmos com as pessoas e de navegarmos por períodos desafiadores, usando lentes que não nos façam perder a beleza do olhar.

Trocando as lentes

No início este exercício pode parecer um pouco desconfortável ou artificial, mas com a prática vai ficando mais fácil. Aos poucos você desenvolve um comportamento que coloca as situações em perspectiva, o que te permite encontrar as soluções mais adequadas para cada momento. Não é sobre forçar otimismo, mas sobre **soltar um pouco o peso** dos pensamentos automáticos e disfuncionais.

Passo 1 – Nomeie o pensamento (percepção da distorção)

Traga à mente uma situação recente que tenha te gerado estresse. Use uma situação bem específica e procure não generalizar. Se preferir escrever, isso ajuda a refletir com mais calma.

Observe: quais foram os pensamentos que surgiram naquele momento? Qual foi o "discurso interno" que apareceu?

Agora, veja se esse pensamento se encaixa em alguma armadilha mental comum, como:

- "Sempre dá errado comigo."
- "Não vou dar conta."
- "Fulano fez isso de propósito."
- "Se eu não for perfeita, vou decepcionar todo mundo."

(continua)

(continuação)

Se você quiser, pode usar a lista de distorções cognitivas que está ao final deste capítulo ou pode chamar esse padrão de pensamento de um jeito que faça sentido para você. Não julgue o pensamento. Só reconheça: *"Esse foi o pensamento que apareceu"*. Observe também quais emoções surgem com essa lembrança e quais sensações aparecem no corpo.

Passo 2 – Crie distância (desfusão cognitiva)

Observe o pensamento como se você estivesse se olhando de fora. Dizer mentalmente *"Estou tendo o pensamento de que [repita o pensamento que identificou]"* ajuda a criar distância dele. Se quiser, repita mais uma vez, se afastando ainda mais: *"Notei que a minha mente está dizendo que [repita o pensamento]"*.

Você pode até imaginar essa frase escrita numa tela, sendo dita por uma voz engraçada, ou aparecendo num balão de quadrinhos. A ideia aqui é lembrar que pensamento **não é** realidade – é só conteúdo mental.

Passo 3 – Troque as lentes (reavaliação cognitiva)

Agora pergunte-se:

- Existe **outra forma possível** de ver essa situação?
- Se fosse um amigo passando por isso, o que eu diria a ele?
- O que posso fazer com mais clareza, se eu não estiver agarrado a esse pensamento?

Deixe surgir uma nova ideia – não precisa ser positiva ou perfeita, só mais útil, mais realista, mais leve.

Exemplo:

- "Talvez eu não tenha dado conta hoje, mas isso não define minha capacidade."
- "Pode ser que a outra pessoa não tenha agido por mal."
- "É difícil, mas não é impossível."

(continua)

(continuação)

Passo 4 – Cultive uma qualidade (perspectiva de adaptação)

Reflita:

- Qual qualidade seria importante neste momento para lidar melhor com a situação estressante que você vivenciou?
- Quais pensamentos surgem quando essa qualidade está presente?
- Como ficam as emoções e as sensações corporais quando essa qualidade se manifesta?

A seguir está um quadro que relaciona as **principais distorções cognitivas** com possíveis **perspectivas de adaptação** que ajudam a suavizar ou reformular esses padrões mentais, promovendo saúde emocional. São apenas sugestões de qualidades a serem cultivadas, mas lembre-se que seu cérebro adaptativo é sábio e conhece o que é melhor para você.

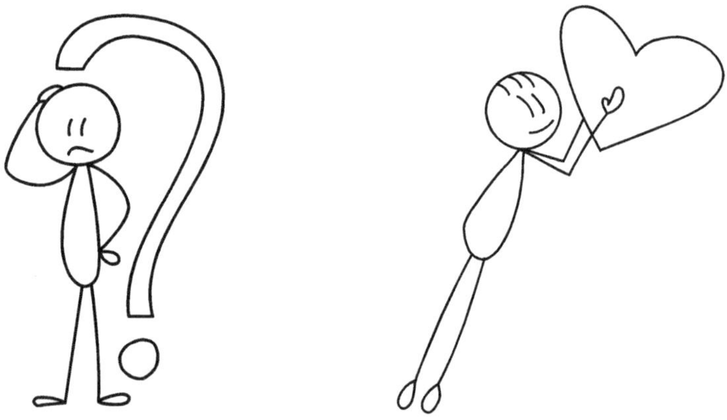

Distorção cognitiva	Perspectiva de adaptação
Pensamento tudo ou nada (8 ou 80)	Flexibilidade, aceitação, paciência
Generalização excessiva	Curiosidade, abertura para o novo

(continua)

(continuação)

Distorção cognitiva	Perspectiva de adaptação
Filtro mental (atenção seletiva ao negativo)	Gratidão, equilíbrio, apreciação
Desqualificação do positivo	Reconhecimento, validação, compaixão por si
Conclusões precipitadas	Tolerância, humildade, interesse genuíno
Leitura mental (achar que sabe o que o outro pensa)	Comunicação aberta, generosidade, confiança
Adivinhação do futuro (catastrofização)	Esperança, presença, realismo
Magnificação ou minimização	Proporcionalidade, equilíbrio, realismo
Raciocínio emocional (sentir = fato)	Autocompreensão, clareza, observação consciente
"Deveria" ou "tenho que"	Autocompaixão, liberdade, amor-próprio
Rotulagem (de si ou do outro)	Gentileza, curiosidade, compreensão humana
Personalização (culpa excessiva)	Responsabilidade equilibrada, perdão, autoperdão

14

Conexões que curam: recursos de conexão

Jorginho entrava sempre sorridente no consultório. Um rapaz grande, de olhos castanhos iluminados e a alma leve de uma criança. A primeira vez que nos vimos foi como um pedido de socorro. Ele estava em tratamento de um tipo raro de câncer nos ossos, para o qual nossa medicina já estava quase sem recursos, mas o que vinha literalmente tirando o seu sono naqueles dias era outra coisa.

Jovem apaixonado, sofria de dores de coração partido. Após o término do seu relacionamento, sentia a cabeça acelerada, a respiração ofegante e uma inquietação constante. Estava tomado pela ansiedade. Acompanhei o Jorge até os últimos dias de sua permanência aqui conosco e a cada encontro me sentia tocada de forma profunda por sua fé tranquila. Ele foi uma das maiores lições de resiliência que tive até hoje.

Encarava a realidade com honestidade, tinha plena consciência da gravidade da doença e da brevidade de sua vida. A cada consulta, Jorge trazia uma necessidade. Algumas vezes queria desabafar sobre a ex. Outras vezes, aprender a usar a respiração como um calmante natural para os momentos de maior ansiedade. Quando sentiu que não dava mais conta sozinho, me disse que era a hora de tomar remédio.

Enquanto estava fisicamente bem, aproveitou para celebrar todos os seus amigos – e eram muitos! Quando o plano de saúde demorava para autorizar um exame, tinha um amigo que intercedia. Quando a grana apertou, outros estenderam a mão. Quando queria uma informação mais técnica, me perguntava onde poderia ler mais sobre o assunto.

Jorge cultivou um enorme sistema de suporte. **Recursos de conexão** são uma base fundamental para vivenciar o estresse de forma saudável, por isso um importante aspecto da **Abordagem S.E.R.** As conexões que nos fortalecem podem ser feitas consigo mesmo, com outras pessoas, com a natureza ou através da espiritualidade. De forma intuitiva e natural, Jorginho tinha na cabeça um exercício que gosto de fazer com as pessoas que chegam estressadas e sem rumo no meu consultório, um mapa da rede de apoio com 5 tipos de pessoas: colo, farol, mão na massa, espelho e tribo. Chamo de Círculo Vital.

As **pessoas colo** são aquele ombro amigo ao qual recorremos quando nos sentimos tristes. Essa é a dimensão emocional, a sensação de ser compreendido e acolhido, independentemente do que se esteja vivendo. Esse tipo de apoio pode se manifestar em palavras gentis, gestos de cuidado ou no aconchego de um colo de mãe.

As **pessoas farol** são aquelas que nos dão uma luz, orientam, apontam caminhos. O farol guia, mas não força o trajeto. É aquele tipo de apoio que torna possível aprender e encontrar informações seguras. Pode ser um amigo, mas também um professor, um profissional de saúde ou organizações de suporte.

As **pessoas mão na massa**, não preciso nem dizer! É a turma que nos oferece apoio tangível, ajuda prática, concreta. Aquela amiga que fica com as crianças para você tomar um banho tranquilo, o vizinho que vai na farmácia quando você pega aquela baita gripe e não aguenta levantar da cama. É quem faz junto, carrega sacola, troca lâmpada, dirige até o hospital.

Pessoas espelho são nosso apoio afirmativo: nos refletem de volta quem somos de forma gentil. É quem nos lembra do nosso valor, reforça nossa autoestima, nos reconhece, nos faz sentir respeitados, seja no trabalho, na família ou em nossa comunidade.

Por fim, as **pessoas tribo** nos fazem sentir parte de algo maior, com identidade compartilhada. Remetem à ideia de grupo, pertencimento, lugar seguro. Podemos encontrá-las em uma organização profissional, uma tradição religiosa, uma comunidade com interesses em comum ou mesmo na família.

QUADRO 6 Círculo vital

Pessoa	Apoio	Essência
Colo	Emocional	Acolhimento
Farol	Informativo	Orientação
Mão na massa	Tangível	Ajuda prática
Espelho	Afirmativo	Autoestima e valor
Tribo	Pertencimento	Comunidade e laço

Tenho um aluno querido, o Márcio, que resumiu bem como mapear a rede de apoio: se você precisar ligar para alguém às 3 horas da manhã pedindo ajuda, quem são as pessoas que você se sentiria confortável em chamar? Gosto de fazer essa reflexão em momentos de tranquilidade, pois pensar nisso no meio do furação pode acrescentar mais um elemento de estresse a um sistema já sobrecarregado. Questione quem faz parte do seu círculo vital, se todas as dimensões estão atendidas, mas pense também para quem você oferece suporte e se essas relações estão equilibradas. É natural em alguns momentos oferecer mais apoio, em outros receber mais, mas, em um contexto amplo, se há um desequilíbrio persistente as relações tendem a deixar de ser saudáveis.

Mapa do círculo vital

Objetivo: ajudar você a visualizar sua rede de apoio - tanto os vínculos que te sustentam quanto aqueles que você sustenta - e refletir sobre o equilíbrio emocional dessas relações.

Passo 1 - Mapeando seu círculo vital

No centro da folha, escreva seu nome dentro de um círculo.

Ao redor, desenhe 5 pétalas (ou círculos conectados), representando as 5 dimensões do apoio:

1. Colo - apoio emocional.
2. Farol - apoio informativo.
3. Mão na massa - apoio prático.
4. Espelho - apoio afirmativo.
5. Tribo - apoio de pertencimento.

Passo 2 - Preencha com nomes - *quem te apoia*

Em cada pétala, escreva os nomes das pessoas que você reconhece como fonte daquele tipo de apoio. Use uma cor ou símbolo específico (p. ex., azul ou um coração) para marcar quem oferece esse apoio a você.

Passo 3 - Preencha com nomes - *quem você apoia*

Agora, com outra cor ou símbolo (p. ex., verde ou uma estrela), escreva os nomes das pessoas a quem você oferece esse tipo de apoio.

(continua)

(continuação)

Você pode colocar nomes que aparecem nas duas cores, indicando uma relação mútua. Ou pode perceber relações que são unilaterais - e isso já é um dado importante para refletir.

Passo 4 - Observe os fluxos e os pesos

- Há equilíbrio entre dar e receber?
- Tem alguma dimensão onde você dá muito e recebe pouco?
- Alguma em que você recebe, mas sente que poderia também oferecer mais?
- Tem alguém que parece pesar mais do que nutrir?
- Há vínculos recíprocos que te fortalecem especialmente?

Você pode desenhar setas entre você e essas pessoas para visualizar os fluxos mais claramente - por exemplo, uma seta que vai e volta, ou uma que só sai de você.

Passo 5 - Perguntas para refletir

- Estou me sobrecarregando em alguma relação?
- Estou me sentindo sozinho em alguma dimensão importante para mim?
- Existe alguém com quem eu gostaria de cultivar mais reciprocidade?
- Em quais vínculos eu me sinto mais inteiro, mais eu mesmo?
- Eu consigo pedir ajuda quando preciso? Se não consigo, quais as dificuldades e possíveis motivos?

Passo 6 - Cultive com consciência

Se perceber desequilíbrios, não é preciso agir de imediato, mas vale a pena reconhecer. Relações saudáveis se nutrem com diálogo, limites claros e escolhas conscientes. Você não precisa estar disponível para todos, o tempo todo.

Você pode escolher um vínculo por vez para fortalecer, ajustar ou até deixar ir com carinho.

Conhecer o seu círculo vital é fundamental, mas precisamos saber recorrer a ele quando necessário. Acompanho muitas pessoas que não se sentem à vontade em pedir ajuda. Tenho que confessar que também tenho receio de incomodar os outros ao buscar apoio. Mas eu aprendi uma coisa convivendo com pacientes nos momentos mais frágeis de suas vidas: quando não pedimos ajuda, impedimos o outro de se aproximar de nós e demonstrar afeto. Criamos uma barreira invisível, e dentro desses muros, nos sentimos cada vez mais sós. Precisamos estar atentos, pois quanto mais estressados estamos, mais tendemos a nos desconectar daquilo que nos é precioso.

Levo comigo uma frase do médico Gabor Maté que diz que segurança não é a ausência de ameaça, é a presença de conexão. Podemos perceber a força dessa ideia quando olhamos para comunidades que enfrentam vulnerabilidades severas, como a discriminação racial. Jovens que se sentem acolhidos emocionalmente por pais ou cuidadores, mesmo quando enfrentam situações de discriminação, tendem a não apresentar os marcadores biológicos de estresse geralmente ligados ao adoecimento, ao contrário daqueles que não contam com esse tipo de apoio.[1]

Oferecer recursos de suporte que façam as pessoas se sentirem pertencentes a um grupo, valorizadas pelo que são e acolhidas em momentos desafiadores reduz as chances de desenvolverem depressão, mesmo em situações de intenso estresse social.[2] Quando nos sentimos apoiados e protegidos, somos mais capazes de fazer reavaliação cognitiva e conseguimos mudar a forma como interpretamos o estressor: o que antes parecia uma ameaça passa a ser visto como um desafio possível de enfrentar. Isso reduz o estresse percebido e ajuda na recuperação emocional.[3]

O *Carolina Abecedarian Project* foi um estudo longitudinal iniciado na década de 1970, liderado por Frances Campbell, que acompanhou crianças de famílias em situação de vulnerabilidade socioeconômica desde os primeiros meses de vida até a idade adulta, por volta dos 30 anos. O objetivo era investigar os efeitos de uma intervenção educacional precoce e intensiva sobre o desenvolvimento cognitivo, emocional e físico desses pequenos. As crianças selecionadas para o grupo de intervenção receberam cuidados e estímulos diários em um centro de desenvolvimento infantil, com foco em linguagem, brincadeiras, afeto e apoio consistente por parte de cuidadores treinados, ou seja, recursos psíquicos e de conexão. Já o grupo-controle não teve acesso a esse cuidado estruturado, embora ambos tivessem acesso a cuidados médicos básicos. Ao longo de décadas de acompanhamento, os resultados do projeto mostraram impactos duradouros: maior desempenho escolar, menor envolvimento com comportamentos de risco, melhores indicadores de saúde física e mental e maior inserção no mercado de trabalho.[4]

Um dado especialmente relevante é que, na fase adulta, os participantes do grupo que recebeu os cuidados de suporte emocional e educação apresentaram menores níveis de marcadores fisiológicos de estresse (como pressão arterial elevada, níveis alterados de cortisol e outros indicadores de risco cardiovascular), mesmo tendo enfrentado adversidades ao longo da vida.[5] Esses achados deixam claro que a exposição precoce a ambientes de cuidado consistente e **Recursos de conexão** podem tornar o **Sistema de estresse saudável** no cérebro e no corpo. Em outras palavras, o suporte social recebido nos primeiros anos de vida tem um efeito protetor que se estende até a vida adulta, reduzindo os impactos prejudiciais do estresse crônico.

Há evidências científicas consistentes mostrando que estar com alguém de confiança, receber palavras de acolhimento ou gestos de carinho, como um toque gentil, realmente acalma o sistema de estresse. No cérebro, o apoio social modula as regiões envolvidas na emoção negativa e na resposta ao estresse. Estudos de neuroimagem mostram que, ao lembrar de situações difíceis enquanto se imagina ou se recebe apoio de alguém próximo, o cérebro ativa uma rede específica ligada à sensação de alívio e segurança.[6] É o cérebro adaptativo em ação. Pessoas que mais engajam esse padrão cerebral tendem a se sentir menos solitárias e mais apoiadas no dia a dia.

No corpo, esse efeito também é evidente. O eixo HHA responde de forma mais branda quando há apoio social. Por exemplo, em mulheres, o abraço de um parceiro afetivo reduz os níveis de cortisol diante de situações estressantes.[7] Medidas em tempo real mostram que segurar a mão de alguém querido durante uma tarefa estressante ajuda o corpo a se acalmar mais rápido.[8] Até o funcionamento do material genético muda quando há a percepção de suporte. Estudos com animais mostram que, em situações estressantes, a presença de parceiros sociais estabiliza alterações em genes do córtex pré-frontal e previne prejuízos cognitivos causados pelo estresse.[9]

Além da conexão com outras pessoas, podemos nos conectar com a natureza, com as artes, com a escrita. Se sentir conectado com algo que transcende nosso raciocínio lógico e a experiência corporal também é um potente antídoto para o estresse – são os **Recursos de conexão espiritual**. Enquanto acompanhei o Jorge, ele se mostrava preocupado em como seu pai reagiria após a sua partida e queria encontrar a melhor forma de dizer à família que ele estava em paz. Lembro-me do Seu Jorge esperando o filho na sala de espera, geralmente vestindo uma camiseta com uma enorme estampa de Nossa Senhora e palavras de fé. Era uma família católica de muita devoção, e esse suporte foi fundamental para que, apesar de tristes, vivenciassem a despedida do Jorginho em paz.

Gosto da definição proposta pela médica Christina Puchalsky, uma líder no movimento de integração da espiritualidade no cuidado com a saúde. Ela diz que espiritualidade é o caminho através do qual encontramos significado e propósito, e vivenciamos a conexão conosco, com o outro e com o sagrado.[10] Uso o termo sagrado aqui como aquilo que traz sentido à vida. Isso pode acontecer através de uma tradição religiosa ou não. Religiosidade refere-se a um sistema organizado de crenças, rituais e práticas, geralmente compartilhado por uma comunidade ou grupo.

Sagrado é tudo o que traz sentido à vida.

A espiritualidade, sob a perspectiva da fé secular proposta por Martin Hägglund, pode ser compreendida como um compromisso profundo com a vida finita, não como negação da dor ou busca de salvação em um plano superior, mas como uma forma de se conectar com o que realmente importa aqui e agora.[11] Essa espiritualidade laica valoriza os vínculos humanos, a criação de sentido no cotidiano e a escolha consciente de dedicar tempo (nosso bem mais precioso) ao cuidado, à escuta, ao cultivo do que é significativo.

Ao reconhecermos a vulnerabilidade da existência como parte essencial da experiência humana, desenvolvemos um tipo de resiliência que nasce do engajamento com a realidade, e não da fuga dela. Perceber-se espiritualmente conectado, nesse sentido, não exige religiosidade, mas sim presença, propósito e pertencimento – fundamentos que sustentam a saúde emocional e ampliam nossa capacidade de lidar com o sofrimento.

Estudos mostram que, quando as pessoas cultivam sua saúde espiritual, tendem a se sentir melhor de forma geral, mais satisfeitas com a vida e a ter menos problemas de saúde.[12] Há muito se atribui parte dos efeitos positivos da espiritualidade na saúde ao fato de que pessoas religiosas tendem a adotar hábitos mais saudáveis, como evitar o uso de substâncias nocivas, como álcool, cigarro e outras drogas.[13] Porém, há um componente neurobiológico fundamental nos efeitos da espiritualidade como um recurso de adaptação ao estresse: o fortalecimento do cérebro adaptativo.[14] Quando nos sentimos conectados com algo significativo (religioso ou não), o córtex pré-frontal torna-se mais ativo, aumenta a regulação sob a amígdala cerebral – o cérebro reativo – e reduz os disparos da resposta fisiológica de estresse.

Vivenciamos a espiritualidade sempre que agimos de forma pró-social, seja cuidando de quem amamos, nos engajando em projetos voluntários ou adotando, no dia a dia, atitudes alinhadas aos nossos valores mais profundos. Ao fortalecer a conexão natural que temos com tudo o que nos cerca, ganhamos recursos internos para atravessar momentos incertos, como quem caminha sem ver o chão, mas ainda assim sente que há algo maior sustentando cada passo.

> Conectar-se consigo mesmo, com os outros, com a natureza ou com o sagrado também é uma forma de cultivar a espiritualidade.

Trabalhar com pessoas passando por momentos desafiadores, acometidas por diferentes formas de estresse, me coloca cotidianamente perante a Fonte da Vida. A cada vez que o Jorginho cruzava a porta do meu consultório, era eu quem aprendia uma lição de como lidar com o estresse de forma alegre e serena. Há algum tempo li um livro lindo da médica Rachel Naomi Remen. Ela diz que "ajudar, consertar e servir representam três maneiras diferentes de ver a vida. Quando você ajuda, você vê a vida como frágil. Quando você conserta, você vê a vida como fragmentada. Quando você serve, você vê a vida como um todo. Consertar e ajudar pode ser o trabalho do ego, e servir, o trabalho da alma".[15] Trago esse garoto todos os dias comigo para me relembrar o que é servir e me manter conectada com as pessoas que tornam a minha vida sagrada.

15

Um caminho gentil de cuidado

Sentei para escrever as últimas linhas deste livro e me lembrei de quando eu estava na faculdade de Medicina. Era muito estudo, mas também muita festa, e com grande frequência eu ficava com a boca cheia de feridas de herpes – meu lembretinho de que o estresse passou da conta. Agora, exatos 20 anos depois da minha formatura, minha boca está latejando com as mesmas feridas.

Sim, eu me senti estressada para escrever este livro. Pode parecer incongruente, mas eu considero natural, porque estas páginas que você tem nas mãos são muito importantes para mim. Hoje reconheço que quando sou afetada pelo estresse é porque meu corpo está comunicando que algo extremamente valoroso está por trás dos sinais e sintomas físicos, emocionais e mentais que se expressam. Aprendi a ter ouvidos para essa mensagem. A diferença entre hoje e os tempos da faculdade não é apenas reconhecer mais rapidamente, mas também ter muito mais estratégias para me regular.

Encontrar um caminho para uma vida mais leve e saudável não significa estar imune ao estresse. Quer dizer reconhecer prontamente que nos excedemos e ser capaz de colocar em ação recursos para voltarmos o mais brevemente possível para um estado de equilíbrio e bem-estar. Quanto mais percorremos esse caminho, menores os desvios e mais fácil a rota de retorno.

A gentileza no cuidado com o estresse se manifesta na **Abordagem S.E.R.** Com ela, você aprendeu que cultivar um **Sistema de estresse saudável** implica reconhecer e reduzir o estresse tóxico, desenvolvendo habilidades de ter um olhar de maior adaptação para as demandas que a vida nos apresenta, bem como trazer cotidianamente pequenas doses de estresse positivo para treinar o nosso corpo a lidar com doses maiores e inesperadas.

Muitas vezes lutamos com o imprevisível e queremos controlar tudo ao nosso redor, estar sempre preparados e seguros de que o resultado será o que desejamos. A gente sabe que a vida não é assim. Aqui você também compreendeu que quando deixamos nosso cérebro adaptativo florescer, seja através do **Estímulo ao descanso profundo** ou por aumentar nossos **Recursos de adaptação**, podemos nos apaixonar pela imprevisibilidade. Passamos a vivenciar as mudanças como um mergulho em possibilidades que jamais imaginaríamos se ficássemos apenas com o cérebro reativo regendo nosso sistema.

Ouvi do Lama Lhawang (meu querido professor Gabriel) que às vezes a vida balança para a gente se alinhar. É exatamente o que o estresse faz conosco. Ficar em conflito com o que aconteceu gasta uma energia que poderia estar sendo mais sabiamente empregada em encontrar caminhos de adaptação. Ao invés de se preocupar, resistir e sofrer com o que não sai do nosso jeito, podemos lidar com flexibilidade, aprendizado e apreciação perante as pedras no nosso caminho – alimentar o lobo certo. São oportunidades únicas e ricas de experimentarmos uma forma diferente de viver e explorar novas possibilidades de estar no mundo. Quem sabe não seja um primeiro passo para descobrirmos uma versão diferente de nós?

Comecei o livro contando sobre o meu aniversário de 40 anos. Termino estas páginas próximo da minha comemoração dos 44. A cada 16 de junho quero ter a sensação de que deixei alguma pequena contribuição para o mundo e para as pessoas ao meu redor. Meu desejo é que, ao ler o ponto-final, você sinta inspiração para colocar em prática os recursos e aprendizados que levou destas páginas, lembrando que conviver com o estresse é um processo de autodescoberta, em que cada pessoa pode encontrar sua forma única de caminhar para uma vida mais harmoniosa.

Tenho uma aluna e amiga querida, a Pat, que vive repetindo o que ouviu em uma aula minha: que cada um de nós possa ser uma ilha de paz em meio ao caos e que possamos todos formar um grande arquipélago! Desejo que você possa S.E.R. fonte de inspiração para as pessoas ao seu redor, sejam eles parceiros ou parceiras, filhos, amigos, companheiros de trabalho ou pacientes.

Gosto de pensar na vida como um grande oceano, em que há momentos de calmaria e outros de agitação. Estamos todos nesse mar, não há como evitá-lo. Mas podemos construir embarcações robustas que nos ajudem a navegar pelas tormentas sem medo. Use as ferramentas que você aprendeu neste livro para a construção do seu barco. Ponto-final.

Mapa dos exercícios e recursos práticos

ABORDAGEM S·E·R· – UM CAMINHO GENTIL DE CUIDADO COM O ESTRESSE

Agradecimentos

Colocar uma obra como esta no mundo depende de muitos corações! É impossível dizer que um autor trabalha sozinho. As páginas de um livro são um compilado de vivências, presenças, alegrias, mas também de ausências e medos. Durante a sua escrita, falei sobre a importância da apreciação e do agradecimento como formas de cultivar o cérebro adaptativo. Entretanto, sinto-me um pouco sem palavras para fazer estes agradecimentos agora, por isso serei breve.

Nestas páginas encontram-se a minha família e os meus amigos. Aprecio demais a presença de todos vocês nesta caminhada, mesmo quando não podemos estar tão próximos quanto gostaríamos (e mesmo que eu sempre prometa que agora vai ser diferente). Estão também nestas linhas meus professores e pacientes. É por vocês e para vocês que escrevo.

Quero deixar um abraço especial a todos os convidados que entrevistei no *podcast Desestresse*. Com vocês aprendo muito, e nossas conversas foram uma base fundamental por aqui.

Por fim, este livro não sairia sem o olhar fundamental de Daniele Moraes, que deu seus preciosos "pitacos" e excelentes contribuições sobre como deixar a escrita fluida, sem perder as informações científicas – tão caras para mim. Agradeço também à equipe da Editora Manole por acreditar neste livro antes mesmo que eu acreditasse nele.

Deixo aqui o meu carinho por você que chegou até este último parágrafo. Que ao fechar estas páginas você leve um lembrete que considero uma preciosidade: saúde é algo que a gente cultiva todos os dias.

Referências bibliográficas

Apresentação

1. Fricchione G, Ivkovic A, Yeung AS. The science of stress: living under pressure. Chicago; London: The University of Chicago Press; 2016.
2. Huber M. How should we define health? BMJ. 2011 Jul 26;343:d4163. doi: 10.1136/bmj.d4163. PMID: 21791490.

Introdução

1. Park ER, Traeger L, Vranceanu AM, Scult M, Lerner JA, Benson H, et al. The development of a patient-centered program based on the relaxation response: the Relaxation Response Resiliency Program (3RP). Psychosomatics. 2013 Mar-Apr;54(2):165-74. doi: 10.1016/j.psym.2012.09.001. Epub 2013 Jan 22. PMID: 23352048.

Capítulo 1

1. Ipsos World Mental Health Report 5th edition. Disponível em: https://www.ipsos.com/sites/default/files/ct/news/documents/2023-10/Ipsos%20World%20Mental%20Health%20Day%202023_Global%20Report.pdf. Acesso em: 10 mar. 2025.
2. Dusek JA, Benson H. Mind-body medicine: a model of the comparative clinical impact of the acute stress and relaxation responses. Minn Med. 2009 May;92(5):47-50. PMID: 19552264; PMCID: PMC2724877.
3. Chatterjee R. The Stress Solution: the 4 steps to reset your body, mind, relationships and purpose. United Kingdom: Penguin; 2018.

4. Bobba-Alves N, Juster RP, Picard M. The energetic cost of allostasis and allostatic load. Psychoneuroendocrinology. 2022 Dec;146:105951. doi: 10.1016/j.psyneuen.2022.105951. Epub 2022 Oct 8. PMID: 36302295; PMCID: PMC10082134.
5. Ellamil M, Fox KC, Dixon ML, Pritchard S, Todd RM, Thompson E, et al. Dynamics of neural recruitment surrounding the spontaneous arising of thoughts in experienced mindfulness practitioners. Neuroimage. 2016 Aug 1;136:186-96. doi: 10.1016/j.neuroimage.2016.04.034. Epub 2016 Apr 23. PMID: 27114056.

Capítulo 2

1. Holmes TH, Rahe RH. The Social Readjustment Rating Scale. J Psychosom Res 1967;11:213-8.
2. Pagé MG, Dassieu L, Develay E, Roy M, Vachon-Presseau E, Lupien S, et al. The stressful characteristics of pain that drive you NUTS: a qualitative exploration of a stress model to understand the chronic pain experience. Pain Med. 2021 May 21;22(5):1095-108. doi: 10.1093/pm/pnaa370. PMID: 33319901.
3. Barrett LF. The theory of constructed emotion: an active inference account of interoception and categorization. Soc Cogn Affect Neurosci. 2017 Jan 1;12(1):1-23. doi: 10.1093/scan/nsw154. Erratum in: Soc Cogn Affect Neurosci. 2017 Nov 1;12(11):1833. doi: 10.1093/scan/nsx060. PMID: 27798257; PMCID: PMC5390700.

Capítulo 3

1. Jamieson JP, Crum AJ, Goyer JP, Marotta ME, Akinola M. Optimizing stress responses with reappraisal and mindset interventions: an integrated model. Anxiety Stress Coping. 2018 May;31(3):245-61. doi: 10.1080/10615806.2018.1442615. Epub 2018 Feb 22. PMID: 29471669.
2. Jamieson JP, Nock MK, Mendes WB. Mind over matter: reappraising arousal improves cardiovascular and cognitive responses to stress. J Exp Psychol Gen. 2012 Aug;141(3):417-22. doi: 10.1037/a0025719. Epub 2011 Sep 26. PMID: 21942377; PMCID: PMC3410434.

3. Crum AJ, Salovey P, Achor S. Rethinking stress: the role of mindsets in determining the stress response. J Pers Soc Psychol. 2013 Apr;104(4):716-33. doi: 10.1037/a0031201. Epub 2013 Feb 25. PMID: 23437923.
4. Jans-Beken L, Jacobs N, Janssens M, Peeters S, Reijnders J, Lechner L, et al. Gratitude and health: an updated review. The Journal of Positive Psychology. 2020;15(6):743-82. https://doi.org/10.1080/17439760.2019.1651888.
5. Killen A, Macaskill A. Using a gratitude intervention to enhance well-being in older adults. Journal of Happiness Studies. 2015;16(4):947-64.
6. Seligman ME, Steen TA, Park N, Peterson C. Positive psychology progress: empirical validation of interventions. Am Psychol. 2005 Jul-Aug;60(5):410-21. doi: 10.1037/0003-066X.60.5.410. PMID: 16045394.
7. Grant A, Dutton J. Beneficiary or benefactor: are people more prosocial when they reflect on receiving or giving? Psychological Science. 2012;23(9):1033-9. https://doi.org/10.1177/0956797612439424 (Original work published 2012).

Capítulo 4

1. Arnsten AFT, Joyce MKP, Roberts AC. The aversive lens: stress effects on the prefrontal-cingulate cortical pathways that regulate emotion. Neurosci Biobehav Rev. 2023 Feb;145:105000. doi: 10.1016/j.neubiorev.2022.105000. Epub 2022 Dec 15. PMID: 36529312; PMCID: PMC9898199.
2. Arnsten AF. Stress signalling pathways that impair prefrontal cortex structure and function. Nat Rev Neurosci. 2009 Jun;10(6):410-22. doi: 10.1038/nrn2648. PMID: 19455173; PMCID: PMC2907136.
3. Arnsten AFT, Shanafelt T. Physician Distress and Burnout: The Neurobiological Perspective. Mayo Clin Proc. 2021 Mar;96(3):763-769. doi: 10.1016/j.mayocp.2020.12.027. PMID: 33673923; PMCID: PMC7944649.

4. Maier SF, Seligman ME. Learned helplessness at fifty: Insights from neuroscience. Psychol Rev. 2016 Jul;123(4):349-67. doi: 10.1037/rev0000033. PMID: 27337390; PMCID: PMC4920136.
5. Arnsten AF. Stress weakens prefrontal networks: molecular insults to higher cognition. Nat Neurosci. 2015 Oct;18(10):1376-85. doi: 10.1038/nn.4087. Epub 2015 Sep 25. PMID: 26404712; PMCID: PMC4816215.
6. Beck JS. Terapia cognitivo-comportamental: teoria e prática (Portuguese edition). Artmed. (2021-07-27T22:58:59.000). E-book.
7. Alford BA, Beck AT. The integrative power of cognitive therapy. New York: Guilford Press; 1997.
8. Fricchione G, Ivkovic A, Yeung AS. The science of stress: living under pressure. Chicago; London: The University of Chicago Press; 2016.
9. van Bodegom M, Homberg JR, Henckens MJAG. Modulation of the hypothalamic-pituitary-adrenal axis by early life stress exposure. Front Cell Neurosci. 2017 Apr 19;11:87. doi: 10.3389/fncel.2017.00087. PMID: 28469557; PMCID: PMC5395581.
10. Langer EJ, Rodin J. The effects of choice and enhanced personal responsibility for the aged: a field experiment in an institutional setting. Journal of Personality and Social Psychology. 1976;34(2):191-8.

Capítulo 5

1. Wan Y, Liu J, Mai Y, Hong Y, Jia Z, Tian G, et al. Current advances and future trends of hormesis in disease. npj Aging. 2024;10:26. https://doi.org/10.1038/s41514-024-00155-3
2. Epel E. The stress prescription: seven days to more joy and ease. New York: Penguin Books; 2022.
3. Calabrese EJ, Kozumbo WJ. The hormetic dose-response mechanism: Nrf2 activation. Pharmacol Res. 2021 May;167:105526. doi: 10.1016/j.phrs.2021.105526. Epub 2021 Mar 2. PMID: 33667690.
4. Mattson MP, Leak RK. The hormesis principle of neuroplasticity and neuroprotection. Cell Metab. 2024 Feb 6;36(2):315-37. doi: 10.1016/j.cmet.2023.12.022. Epub 2024 Jan 10. PMID: 38211591.

5. Ji LL, Kang C, Zhang Y. Exercise-induced hormesis and skeletal muscle health. Free Radic Biol Med. 2016 Sep;98:113-22. doi: 10.1016/j.freeradbiomed.2016.02.025. Epub 2016 Feb 23. PMID: 26916558.
6. Mücke M, Ludyga S, Colledge F, Gerber M. Influence of regular physical activity and fitness on stress reactivity as measured with the Trier Social Stress Test Protocol: a systematic review. Sports Med. 2018 Nov;48(11):2607-22. doi: 10.1007/s40279-018-0979-0. PMID: 30159718.
7. Ostrom EL, Valencia AP, Marcinek DJ, Traustadóttir T. High intensity muscle stimulation activates a systemic Nrf2-mediated redox stress response. Free Radic Biol Med. 2021 Aug 20;172:82-9. doi: 10.1016/j.freeradbiomed.2021.05.039. Epub 2021 Jun 3. PMID: 34089788; PMCID: PMC8355059.
8. Eskla KL, Porosk R, Reimets R, Visnapuu T, Vasar E, Hundahl CA, et al. Hypothermia augments stress response in mammalian cells. Free Radic Biol Med. 2018 Jun;121:157-68. doi: 10.1016/j.freeradbiomed.2018.04.571. Epub 2018 Apr 25. PMID: 29704622.
9. Patrick RP, Johnson TL. Sauna use as a lifestyle practice to extend healthspan. Exp Gerontol. 2021 Oct 15;154:111509. doi: 10.1016/j.exger.2021.111509. Epub 2021 Aug 5. PMID: 34363927.
10. Epel ES. The geroscience agenda: toxic stress, hormetic stress, and the rate of aging. Ageing Res Rev. 2020 Nov;63:101167. doi: 10.1016/j.arr.2020.101167. Epub 2020 Sep 28. PMID: 32979553; PMCID: PMC7520385.
11. Casanova A, Wevers A, Navarro-Ledesma S, Pruimboom L. Mitochondria: it is all about energy. Front Physiol. 2023 Apr 25;14:1114231. doi: 10.3389/fphys.2023.1114231. PMID: 37179826; PMCID: PMC10167337.
12. Sazonova MA, Sinyov VV, Ryzhkova AI, Sazonova MD, Kirichenko TV, Khotina VA, et al. Some molecular and cellular stress mechanisms associated with neurodegenerative diseases and atherosclerosis. Int J Mol Sci. 2021 Jan 12;22(2):699. doi: 10.3390/ijms22020699. PMID: 33445687; PMCID: PMC7828120.

13. Picard M, Shirihai OS. Mitochondrial signal transduction. Cell Metab. 2022 Nov 1;34(11):1620-53. doi: 10.1016/j.cmet.2022.10.008. PMID: 36323233; PMCID: PMC9692202.
14. Bobba-Alves N, Juster RP, Picard M. The energetic cost of allostasis and allostatic load. Psychoneuroendocrinology. 2022 Dec;146:105951. doi: 10.1016/j.psyneuen.2022.105951. Epub 2022 Oct 8. PMID: 36302295; PMCID: PMC10082134.
15. McEwen BS, Wingfield JC. The concept of allostasis in biology and biomedicine. Horm Behav. 2003 Jan;43(1):2-15. doi: 10.1016/s0018-506x(02)00024-7. PMID: 12614627.
16. Querstret D, Cropley M. Exploring the relationship between work--related rumination, sleep quality, and work-related fatigue. J Occup Health Psychol. 2012 Jul;17(3):341-53. doi: 10.1037/a0028552. PMID: 22746369.
17. Careau V, Halsey LG, Pontzer H, Ainslie PN, Andersen LF, Anderson LJ, et al. Energy compensation and adiposity in humans. Curr Biol. 2021 Oct 25;31(20):4659-66.e2. doi: 10.1016/j.cub.2021.08.016. Epub 2021 Aug 27. PMID: 34453886; PMCID: PMC8551017.
18. Neufer PD, Bamman MM, Muoio DM, Bouchard C, Cooper DM, Goodpaster BH, et al. Understanding the cellular and molecular mechanisms of physical activity-induced health benefits. Cell Metab. 2015 Jul 7;22(1):4-11. doi: 10.1016/j.cmet.2015.05.011. Epub 2015 Jun 11. PMID: 26073496.
19. Saxbe DE, Beckes L, Stoycos SA, Coan JA. Social allostasis and social allostatic load: a new model for research in social dynamics, stress, and health. Perspect Psychol Sci. 2020 Mar;15(2):469-82. doi: 10.1177/1745691619876528. Epub 2019 Dec 13. PMID: 31834845.
20. Wallace RK, Benson H, Wilson AF. A wakeful hypometabolic physiologic state. Am J Physiol. 1971 Sep;221(3):795-9. doi: 10.1152/ajplegacy.1971.221.3.795. PMID: 5570336.
21. Shaulson ED, Cohen AA, Picard M. The brain-body energy conservation model of aging. Nat Aging. 2024 Oct;4(10):1354-71. doi: 10.1038/s43587-024-00716-x. Epub 2024 Oct 8. PMID: 39379694.

Capítulo 6

1. Carrera-Bastos P, Bottino B, Stults-Kolehmainen M, Schuch FB, Mata-Ordeñez F, Müller PT, et al. Inflammation and depression: an evolutionary framework for the role of physical activity and exercise. Front Psychol. 2025 May 28;16. Sec. Movement Science. https://doi.org/10.3389/fpsyg.2025.1554062.
2. Slusher AL, Acevedo EO. Stress induced proinflammatory adaptations: plausible mechanisms for the link between stress and cardiovascular disease. Front Physiol. 2023 Mar 17;14:1124121. doi: 10.3389/fphys.2023.1124121. PMID: 37007994; PMCID: PMC10065149.
3. Furman D, Campisi J, Verdin E, Carrera-Bastos P, Targ S, Franceschi C, et al. Chronic inflammation in the etiology of disease across the life span. Nat Med. 2019;25:1822-32. https://doi.org/10.1038/s41591-019-0675-0
4. Cohen S, Tyrrell DA, Smith AP. Psychological stress and susceptibility to the common cold. N Engl J Med. 1991 Aug 29;325(9):606-12. doi: 10.1056/NEJM199108293250903. PMID: 1713648.
5. Dhabhar FS. The short-term stress response: mother nature's mechanism for enhancing protection and performance under conditions of threat, challenge, and opportunity. Front Neuroendocrinol. 2018 Apr;49:175-92. doi: 10.1016/j.yfrne.2018.03.004. Epub 2018 Mar 26. PMID: 29596867; PMCID: PMC5964013.
6. Wilbert-Lampen U, Leistner D, Greven S, Pohl T, Sper S, Völker C, et al. Cardiovascular events during World Cup soccer. N Engl J Med. 2008 Jan 31;358(5):475-83. doi: 10.1056/NEJMoa0707427. PMID: 18234752.
7. Borges DG, Monteiro RA, Schmidt A, Pazin-Filho A. World soccer cup as a trigger of cardiovascular events. Arq Bras Cardiol. 2013 Jun;100(6):546-52. doi: 10.5935/abc.20130105. Epub 2013 May 14. PMID: 23657272.
8. Yusuf S, Hawken S, Ounpuu S, Dans T, Avezum A, Lanas F, et al.; Interheart Study Investigators. Effect of potentially modifiable risk factors associated with myocardial infarction in 52 countries (the Interheart

study): case-control study. Lancet. 2004 Sep 11-17;364(9438):937-52. doi: 10.1016/S0140-6736(04)17018-9. PMID: 15364185.

9. Tawakol A, Ishai A, Takx RA, Figueroa AL, Ali A, Kaiser Y, et al. Relation between resting amygdalar activity and cardiovascular events: a longitudinal and cohort study. Lancet. 2017 Feb 25;389(10071):834-45. doi: 10.1016/S0140-6736(16)31714-7.
10. Gharios C, van Leent MMT, Chang HL, Abohashem S, O'Connor D, Osborne MT, et al. Cortico-limbic interactions and carotid atherosclerotic burden during chronic stress exposure. Eur Heart J. 2024 May 21;45(19):1753-64. doi: 10.1093/eurheartj/ehae149. PMID: 38753456; PMCID: PMC11107120.
11. Rosovsky RP, Mezue K, Gharios C, Civieri G, Cardeiro A, Zureigat H, et al. Anxiety and depression are associated with heightened risk of incident deep vein thrombosis: mediation through stress-related neural mechanisms. Am J Hematol. 2024 Oct;99(10):1927-38. doi: 10.1002/ajh.27427. Epub 2024 Jul 4. PMID: 38965839; PMCID: PMC11502251.
12. Vaccarino V, Bremner JD. Stress and cardiovascular disease: an update. Nat Rev Cardiol. 2024 Sep;21(9):603-16. doi: 10.1038/s41569-024-01024-y. Epub 2024 May 2. PMID: 38698183; PMCID: PMC11872152.
13. Chandola T, Brunner E, Marmot M. Chronic stress at work and the metabolic syndrome: prospective study. BMJ. 2006 Mar 4;332(7540):521-5. doi: 10.1136/bmj.38693.435301.80. Epub 2006 Jan 20. PMID: 16428252; PMCID: PMC1388129.
14. Harris ML, Oldmeadow C, Hure A, Luu J, Loxton D, Attia J. Stress increases the risk of type 2 diabetes onset in women: s 12-year longitudinal study using causal modelling. PLoS One. 2017 Feb 21;12(2):e0172126. doi: 10.1371/journal.pone.0172126. PMID: 28222165; PMCID: PMC5319684.
15. Joseph JJ, Golden SH. Cortisol dysregulation: the bidirectional link between stress, depression, and type 2 diabetes mellitus. Ann N Y Acad Sci. 2017 Mar;1391(1):20-34. doi: 10.1111/nyas.13217. Epub 2016 Oct 17. PMID: 27750377; PMCID: PMC5334212.

16. Yaribeygi H, Sathyapalan T, Atkin SL, Sahebkar A. Molecular mechanisms linking oxidative stress and diabetes mellitus. Oxid Med Cell Longev. 2020 Mar 9;2020:8609213. doi: 10.1155/2020/8609213. PMID: 32215179; PMCID: PMC7085395.
17. Groesz LM, McCoy S, Carl J, Saslow L, Stewart J, Adler N, et al. What is eating you? Stress and the drive to eat. Appetite. 2012 Apr;58(2):717-21. doi: 10.1016/j.appet.2011.11.028. Epub 2011 Dec 4. PMID: 22166677; PMCID: PMC3740553.
18. Zellner DA, Loaiza S, Gonzalez Z, Pita J, Morales J, Pecora D, et al. Food selection changes under stress. Physiol Behav. 2006 Apr 15;87(4):789-93. doi: 10.1016/j.physbeh.2006.01.014. Epub 2006 Mar 6. PMID: 16519909.
19. Adam TC, Epel ES. Stress, eating and the reward system. Physiol Behav. 2007 Jul 24;91(4):449-58. doi: 10.1016/j.physbeh.2007.04.011. Epub 2007 Apr 14. PMID: 17543357.
20. Beurel E. Stress in the microbiome-immune crosstalk. Gut Microbes. 2024 Jan-Dec;16(1):2327409. doi: 10.1080/19490976.2024.2327409. Epub 2024 Mar 15. PMID: 38488630; PMCID: PMC10950285.
21. Tomiyama AJ. Stress and obesity. Annu Rev Psychol. 2019 Jan 4;70:703-18. doi: 10.1146/annurev-psych-010418-102936. Epub 2018 Jun 21. PMID: 29927688.
22. Tian YE, Di Biase MA, Mosley PE, Lupton MK, Xia Y, Fripp J, et al. Evaluation of brain-body health in individuals with common neuropsychiatric disorders. JAMA Psychiatry. 2023;80(6):567-76. doi:10.1001/jamapsychiatry.2023.0791.
23. Voinov B, Richie WD, Bailey RK. Depression and chronic diseases: it is time for a synergistic mental health and primary care approach. Prim Care Companion CNS Disord. 2013;15(2):PCC.12r01468. doi: 10.4088/PCC.12r01468. Epub 2013 Apr 4. PMID: 23930236; PMCID: PMC3733529.
24. Plana-Ripoll O, Pedersen CB, Agerbo E, Holtz Y, Erlangsen A, Canudas-Romo V, et al. A comprehensive analysis of mortality-related health metrics associated with mental disorders: a nationwide, register-based

cohort study. Lancet. 2019 Nov 16;394(10211):1827-35. doi: 10.1016/S0140-6736(19)32316-5. Epub 2019 Oct 24. PMID: 31668728.

25. Palmer CM. Beyond comorbidities: metabolic dysfunction as a root cause of neuropsychiatric disorders. BJPsych Advances. 2025:1-3. doi:10.1192/bja.2024.74.
26. Beurel E, Toups M, Nemeroff CB. The bidirectional relationship of depression and inflammation: double trouble. Neuron. 2020 Jul 22;107(2):234-56. doi: 10.1016/j.neuron.2020.06.002. Epub 2020 Jun 17. PMID: 32553197; PMCID: PMC7381373.
27. Hori H, Kim Y. Inflammation and post-traumatic stress disorder. Psychiatry Clin Neurosci. 2019 Apr;73(4):143-53. doi: 10.1111/pcn.12820. Epub 2019 Feb 21. PMID: 30653780.
28. Carrera-Bastos P. Inflammation and depression: an evolutionary framework for the role of physical activity and exercise. Frontiers in Psychology. 2025;16.
29. Park C, Rosenblat JD, Brietzke E, Pan Z, Lee Y, Cao B, et al. Stress, epigenetics and depression: a systematic review. Neurosci Biobehav Rev. 2019 Jul;102:139-52. doi: 10.1016/j.neubiorev.2019.04.010. Epub 2019 Apr 18. PMID: 31005627.
30. Balthazar L, Lages YVM, Romano VC, Landeira-Fernandez J, Krahe TE. The association between the renin-angiotensin system and the hypothalamic-pituitary-adrenal axis in anxiety disorders: a systematic review of animal studies. Psychoneuroendocrinology. 2021 Oct;132:105354. doi: 10.1016/j.psyneuen.2021.105354. Epub 2021 Jul 9. PMID: 34329905.
31. Qin Z, Zhou X, Pandey NR, Vecchiarelli HA, Stewart CA, Zhang X, et al. Chronic stress induces anxiety via an amygdalar intracellular cascade that impairs endocannabinoid signaling. Neuron. 2015 Mar 18;85(6):1319-31. doi: 10.1016/j.neuron.2015.02.015. Epub 2015 Mar 5. PMID: 25754825.
32. Vinkers CH, Kuzminskaite E, Lamers F, Giltay EJ, Penninx BWJH. An integrated approach to understand biological stress system dysregulation across depressive and anxiety disorders. J Affect Disord.

2021 Mar 15;283:139-46. doi: 10.1016/j.jad.2021.01.051. Epub 2021 Jan 27. PMID: 33549878.

33. Roozendaal B, McEwen BS, Chattarji S. Stress, memory and the amygdala. Nat Rev Neurosci. 2009 Jun;10(6):423-33. doi: 10.1038/nrn2651. PMID: 19469026.
34. Guseva Canu I, Marca SC, Dell'Oro F, Balázs A, Bergamaschi E, Besse C, et al. Harmonized definition of occupational burnout: a systematic review, semantic analysis, and Delphi consensus in 29 countries. Scand J Work Environ Health. 2021 Mar 1;47(2):95-107. doi: 10.5271/sjweh.3935. Epub 2020 Dec 1. PMID: 33258478; PMCID: PMC8114565.
35. Tavella G, Hadzi-Pavlovic D, Parker G. Burnout: redefining its key symptoms. Psychiatry Res. 2021 Aug;302:114023. doi: 10.1016/j.psychres.2021.114023. Epub 2021 May 20. PMID: 34052460.
36. Shanafelt TD, Noseworthy JH. Executive leadership and physician well-being: nine organizational strategies to promote engagement and reduce burnout. Mayo Clin Proc. 2017 Jan;92(1):129-46. doi: 10.1016/j.mayocp.2016.10.004. Epub 2016 Nov 18. PMID: 27871627.
37. Arnsten AFT, Shanafelt T. Physician distress and burnout: the neurobiological perspective. Mayo Clin Proc. 2021 Mar;96(3):763-9. doi: 10.1016/j.mayocp.2020.12.027. PMID: 33673923; PMCID: PMC7944649.
38. Golonka K, Mojsa-Kaja J, Popiel K, Marek T, Gawlowska M. Neurophysiological markers of emotion processing in burnout syndrome. Front Psychol. 2017 Dec 13;8:2155. doi: 10.3389/fpsyg.2017.02155. PMID: 29326619; PMCID: PMC5736989.
39. de Vente W, van Amsterdam JG, Olff M, Kamphuis JH, Emmelkamp PM. Burnout is associated with reduced parasympathetic activity and reduced HPA axis responsiveness, predominantly in males. Biomed Res Int. 2015;2015:431725. doi: 10.1155/2015/431725. Epub 2015 Oct 18. PMID: 26557670; PMCID: PMC4628754.
40. Bayes A, Tavella G, Parker G. The biology of burnout: causes and consequences. World J Biol Psychiatry. 2021 Nov;22(9):686-98. doi: 10.1080/15622975.2021.1907713. Epub 2021 Apr 30. PMID: 33783308.

41. Hanahan D. Hallmarks of cancer: new dimensions. Cancer Discov. 2022 Jan;12(1):31-46. doi: 10.1158/2159-8290.CD-21-1059. PMID: 35022204.
42. .Vignjević Petrinović S, Milošević MS, Marković D, Momčilović S. Interplay between stress and cancer-A focus on inflammation. Front Physiol. 2023 Mar 20;14:1119095. doi: 10.3389/fphys.2023.1119095. PMID: 37020461; PMCID: PMC10067747.
43. D'Orazi G, Cordani M, Cirone M. Oncogenic pathways activated by pro-inflammatory cytokines promote mutant p53 stability: clue for novel anticancer therapies. Cell Mol Life Sci. 2021;78:1853-60. doi:10.1007/s00018-020-03677-7.
44. Choi Y, Kim JK, Yoo JY. NFκB and STAT3 synergistically activate the expression of FAT10, a gene counteracting the tumor suppressor p53. Mol. Oncol. 2014;8:642-55. doi:10.1016/j.molonc.2014.01.007.
45. Zannas AS. Naturalistic stress hormone levels drive cumulative epigenomic changes along the cellular lifespan. Int J Mol Sci. 2021 Aug 16;22(16):8778. doi: 10.3390/ijms22168778. PMID: 34445485; PMCID: PMC8395735.
46. Buric I, Farias M, Jong J, Mee C, Brazil IA. What is the molecular signature of mind-body interventions? A systematic review of gene expression changes induced by meditation and related practices. Front Immunol. 2017 Jun 16;8:670. doi: 10.3389/fimmu.2017.00670. PMID: 28670311; PMCID: PMC5472657.
47. Feder A, Nestler EJ, Charney DS. Psychobiology and molecular genetics of resilience. Nat Rev Neurosci. 2009 Jun;10(6):446-57. doi: 10.1038/nrn2649. PMID: 19455174; PMCID: PMC2833107.
48. Brody GH, Yu T, Beach SR. Resilience to adversity and the early origins of disease. Dev Psychopathol. 2016 Nov;28(4pt2):1347-65. doi: 10.1017/S0954579416000894. Epub 2016 Oct 3. PMID: 27692007; PMCID: PMC5079770.
49. Epel ES, Blackburn EH, Lin J, Dhabhar FS, Adler NE, Morrow JD, et al. Accelerated telomere shortening in response to life stress. Proc Natl Acad Sci U S A. 2004 Dec 7;101(49):17312-5. doi: 10.1073/

pnas.0407162101. Epub 2004 Dec 1. PMID: 15574496; PMCID: PMC534658.

50. Lin J, Epel E. Stress and telomere shortening: Insights from cellular mechanisms. Ageing Res Rev. 2022 Jan;73:101507. doi: 10.1016/j.arr.2021.101507. Epub 2021 Nov 1. PMID: 34736994; PMCID: PMC8920518.
51. Mikail N, Sager DF, Gebert P, Haider A, Todorov A, Bengs S, et al. Imaging of the brain-heart axis: prognostic value in a European setting. Eur Heart J. 2024 May 13;45(18):1613-30. doi: 10.1093/eurheartj/ehae162. PMID: 38596850; PMCID: PMC11089334.

Capítulo 7

1. Gilbert P, Simos G, Halperin CF. Terapia focada na compaixão: aplicações e prática clínica. Porto Alegre: Artmed; 2023.
2. Han BC. Sociedade do cansaço. Giachini EP, trad. 2.ed. Petrópolis: Vozes; 2017.
3. Labthink. Esgotadas. 2023. Disponível em: https://lab.thinkolga.com/esgotadas/. Acesso em: 3 jun. 2025.
4. World Health Organization (WHO). Social determinants of health. Disponível em: https://www.who.int/health-topics/social-determinants-of-health#tab=tab_1. Acesso em: 3 jun. 2025.
5. Gilbert P. Threat, safety, safeness and social safeness 30 years on: fundamental dimensions and distinctions for mental health and well-being. Br J Clin Psychol. 2024 Sep;63(3):453-71. doi: 10.1111/bjc.12466. Epub 2024 May 3. PMID: 38698734.
6. Geller SM, Porges SW. Therapeutic presence: neurophysiological mechanisms mediating feeling safe in therapeutic relationships. Journal of Psychotherapy Integration. 2014;24(3):178-92.
7. Sotoyama H, Inaba H, Iwakura Y, Namba H, Takei N, Sasaoka T, et al. The dual role of dopamine in the modulation of information processing in the prefrontal cortex underlying social behavior. Faseb J. 2022 Feb;36(2):e22160. doi: 10.1096/fj.202101637R. PMID: 35064699.

8. Baik JH. Stress and the dopaminergic reward system. Exp Mol Med. 2020;52:1879-90. https://doi.org/10.1038/s12276-020-00532-4.
9. Booij L, Welfeld K, Leyton M, Dagher A, Boileau I, Sibon I, et al. Dopamine cross-sensitization between psychostimulant drugs and stress in healthy male volunteers. Transl Psychiatry. 2016 Feb 23;6(2):e740. doi: 10.1038/tp.2016.6. PMID: 26905412; PMCID: PMC4872435.
10. Vaessen T, Hernaus D, Myin-Germeys I, van Amelsvoort T. The dopaminergic response to acute stress in health and psychopathology: a systematic review. Neurosci Biobehav Rev. 2015 Sep;56:241-51. doi: 10.1016/j.neubiorev.2015.07.008. Epub 2015 Jul 19. PMID: 26196459.
11. Belujon P, Grace AA. Regulation of dopamine system responsivity and its adaptive and pathological response to stress. Proc Biol Sci. 2015 Apr 22;282(1805):20142516. doi: 10.1098/rspb.2014.2516. PMID: 25788601; PMCID: PMC4389605.

Capítulo 8

1. Farrell CM. Systole and diastole, strength and openness. JAMA. 2020 May 5;323(17):1726-27. doi: 10.1001/jama.2020.3095. PMID: 32369157.
2. Gibbons CH. Basics of autonomic nervous system function. Handb Clin Neurol. 2019;160:407-18. doi: 10.1016/B978-0-444-64032-1.00027-8. PMID: 31277865.
3. Arnsten AF. Stress signalling pathways that impair prefrontal cortex structure and function. Nat Rev Neurosci. 2009 Jun;10(6):410-22. doi: 10.1038/nrn2648. PMID: 19455173; PMCID: PMC2907136.
4. Dusek JA, Benson H. Mind-body medicine: a model of the comparative clinical impact of the acute stress and relaxation responses. Minn Med. 2009 May;92(5):47-50. PMID: 19552264; PMCID: PMC2724877.
5. Rajendran PS, Hadaya J, Khalsa SS, Yu C, Chang R, Shivkumar K. The vagus nerve in cardiovascular physiology and pathophysiology: from evolutionary insights to clinical medicine. Semin Cell Dev Biol. 2024 Mar 15;156:190-200. doi: 10.1016/j.semcdb.2023.01.001. Epub 2023 Jan 12. PMID: 36641366; PMCID: PMC10336178.

6. Teff KL. Visceral nerves: vagal and sympathetic innervation. JPEN. 2008 Sep-Oct;32(5):569-71. doi: 10.1177/0148607108321705. PMID: 18753395.
7. Ha JY, Ban SH. Effects of mind-body programs on infertile women: a systematic review and meta-analysis of randomized controlled trials. Asian Nurs Res (Korean Soc Nurs Sci). 2021 May;15(2):77-88. doi: 10.1016/j.anr.2021.02.003. Epub 2021 Feb 16. PMID: 33607300.
8. Bhasin MK, Dusek JA, Chang BH, Joseph MG, Denninger JW, Fricchione GL, et al. Relaxation response induces temporal transcriptome changes in energy metabolism, insulin secretion and inflammatory pathways. PLoS One. 2013 May 1;8(5):e62817. doi: 10.1371/journal.pone.0062817. Erratum in: PLoS One. 2017 Feb 21;12(2):e0172873. doi: 10.1371/journal.pone.0172873. PMID: 23650531; PMCID: PMC3641112.
9. Dusek JA, Otu HH, Wohlhueter AL, Bhasin M, Zerbini LF, Joseph MG, et al. Genomic counter-stress changes induced by the relaxation response. PLoS One. 2008 Jul 2;3(7):e2576. doi: 10.1371/journal.pone.0002576. Erratum in: PLoS One. 2017 Feb 21;12(2):e0172845. doi: 10.1371/journal.pone.0172845. PMID: 18596974; PMCID: PMC2432467.
10. Park ER, Traeger L, Vranceanu AM, Scult M, Lerner JA, Benson H, et al. The development of a patient-centered program based on the relaxation response: the Relaxation Response Resiliency Program (3RP). Psychosomatics. 2013 Mar-Apr;54(2):165-74. doi: 10.1016/j.psym.2012.09.001. Epub 2013 Jan 22. PMID: 23352048.
11. Crosswell AD, Mayer SE, Whitehurst LN, Picard M, Zebarjadian S, Epel ES. Deep rest: an integrative model of how contemplative practices combat stress and enhance the body's restorative capacity. Psychol Rev. 2024 Jan;131(1):247-70. doi: 10.1037/rev0000453. Epub 2023 Dec 25. PMID: 38147050; PMCID: PMC11003855.
12. Davidson RJ, Dahl CJ. Varieties of contemplative practice. JAMA Psychiatry. 2017;74(2):121-3. doi:10.1001/jamapsychiatry.2016.3469.

13. Epel E. The stress prescription: seven days to more joy and ease. New York: Penguin Books; 2022.
14. Stefano GB, Esch T, Kream RM. Behaviorally-mediated entrainment of whole-body metabolic processes: conservation and evolutionary development of mitochondrial respiratory complexes. Med Sci Monit. 2019 Dec 6;25:9306-9. doi: 10.12659/MSM.920174. PMID: 31809494; PMCID: PMC6911308.
15. Bobba-Alves N, Sturm G, Lin J, Ware SA, Karan KR, Monzel AS, et al. Cellular allostatic load is linked to increased energy expenditure and accelerated biological aging. Psychoneuroendocrinology. 2023 Sep;155:106322. doi: 10.1016/j.psyneuen.2023.106322. Epub 2023 Jun 14. PMID: 37423094; PMCID: PMC10528419.
16. Picard M, McEwen BS. Psychological stress and mitochondria: a systematic review. Psychosom Med. 2018 Feb/Mar;80(2):141-53. doi: 10.1097/PSY.0000000000000545. PMID: 29389736; PMCID: PMC5901654.

Capítulo 9

1. Rajendran PS, Hadaya J, Khalsa SS, Yu C, Chang R, Shivkumar K. The vagus nerve in cardiovascular physiology and pathophysiology: from evolutionary insights to clinical medicine. Semin Cell Dev Biol. 2024 Mar 15;156:190-200. doi: 10.1016/j.semcdb.2023.01.001. Epub 2023 Jan 12. PMID: 36641366; PMCID: PMC10336178.
2. McMenamin CA, Travagli RA, Browning KN. Inhibitory neurotransmission regulates vagal efferent activity and gastric motility. Exp Biol Med (Maywood). 2016 Jun;241(12):1343-50. doi: 10.1177/1535370216654228. PMID: 27302177; PMCID: PMC4950275.
3. Gibbons CH. Basics of autonomic nervous system function. Handb Clin Neurol. 2019;160:407-18. doi: 10.1016/B978-0-444-64032-1.00027-8. PMID: 31277865.
4. Bonaz B, Bazin T, Pellissier S. the vagus nerve at the interface of the microbiota-gut-brain axis. Front Neurosci. 2018 Feb 7;12:49. doi: 10.3389/fnins.2018.00049. PMID: 29467611; PMCID: PMC5808284.

5. Teff KL. Visceral nerves: vagal and sympathetic innervation. JPEN. 2008 Sep-Oct;32(5):569-71. doi: 10.1177/0148607108321705. PMID: 18753395.
6. Grossman P. Respiratory sinus arrhythmia (RSA), vagal tone and biobehavioral integration: beyond parasympathetic function. Biol Psychol. 2024 Feb;186:108739. doi: 10.1016/j.biopsycho.2023.108739. Epub 2023 Dec 25. PMID: 38151156.
7. Tiwari R, Kumar R, Malik S, Raj T, Kumar P. Analysis of heart rate variability and implication of different factors on heart rate variability. Curr Cardiol Rev. 2021;17(5):e160721189770. doi: 10.2174/1573403X16999201231203854. PMID: 33390146; PMCID: PMC8950456.
8. Nestor J. Respire: a nova ciência de uma arte perdida. Rissatti P, trad. Rio de Janeiro: Intrínseca; 2021.
9. Gerritsen RJS, Band GPH. Breath of life: the respiratory vagal stimulation model of contemplative activity. Front Hum Neurosci. 2018 Oct 9;12:397. doi: 10.3389/fnhum.2018.00397. PMID: 30356789; PMCID: PMC6189422.
10. Anasuya B, Deepak KK, Jaryal AK, Narang R. Effect of slow breathing on autonomic tone & baroreflex sensitivity in yoga practitioners. Indian J Med Res. 2020 Dec;152(6):638-47. doi: 10.4103/ijmr.IJMR_559_19. PMID: 34145104; PMCID: PMC8224157.
11. Laborde S, Allen MS, Borges U, Dosseville F, Hosang TJ, Iskra M, et al. Effects of voluntary slow breathing on heart rate and heart rate variability: a systematic review and a meta-analysis. Neurosci Biobehav Rev. 2022 Jul;138:104711. doi: 10.1016/j.neubiorev.2022.104711. Epub 2022 May 24. PMID: 35623448.
12. Sevoz-Couche C, Laborde S. Heart rate variability and slow-paced breathing: when coherence meets resonance. Neurosci Biobehav Rev. 2022 Apr;135:104576. doi: 10.1016/j.neubiorev.2022.104576. Epub 2022 Feb 12. PMID: 35167847.
13. Epel E. The stress prescription: seven days to more joy and ease. Penguin Random House; 2023.

14. Mather M, Thayer J. How heart rate variability affects emotion regulation brain networks. Curr Opin Behav Sci. 2018 Feb;19:98-104. doi: 10.1016/j.cobeha.2017.12.017. PMID: 29333483; PMCID: PMC5761738.
15. Magnon V, Dutheil F, Vallet GT. Benefits from one session of deep and slow breathing on vagal tone and anxiety in young and older adults. Sci Rep. 2021 Sep 29;11(1):19267. doi: 10.1038/s41598-021-98736-9. PMID: 34588511; PMCID: PMC8481564.
16. Gholamrezaei A, Van Diest I, Aziz Q, Vlaeyen JWS, Van Oudenhove L. Psychophysiological responses to various slow, deep breathing techniques. Psychophysiology. 2021 Feb;58(2):e13712. doi: 10.1111/psyp.13712. Epub 2020 Oct 27. PMID: 33111377.
17. Szulczewski MT. Transcutaneous auricular vagus nerve stimulation combined with slow breathing: speculations on potential applications and technical considerations. Neuromodulation. 2022 Apr;25(3):380-94. doi: 10.1111/ner.13458. Epub 2021 Jun 23. PMID: 35396070.
18. Tang YY, Ma Y, Fan Y, Feng H, Wang J, Feng S, et al. Central and autonomic nervous system interaction is altered by short-term meditation. Proc Natl Acad Sci U S A. 2009 Jun 2;106(22):8865-70. doi: 10.1073/pnas.0904031106. Epub 2009 May 18. PMID: 19451642; PMCID: PMC2690030.

Capítulo 10

1. DeSchutter O. The burnout economy: poverty and mental health. 2024. Disponível em: https://www.ohchr.org/en/documents/thematic-reports/a79162-burnout-economy-poverty-and-mental-health-report-special. Acesso em: 12 maio 2025.
2. Holt-Lunstad J, Smith TB, Baker M, Harris T, Stephenson D. Loneliness and social isolation as risk factors for mortality: a meta-analytic review. Perspect Psychol Sci. 2015 Mar;10(2):227-37. doi: 10.1177/1745691614568352. PMID: 25910392

3. Thompson RA. Attachment-related mental representations: introduction to the special issue. Attach Hum Dev. 2008 Dec;10(4):347-58. doi: 10.1080/14616730802461334. PMID: 19016046.
4. McLaughlin KA, Peverill M, Gold AL, Alves S, Sheridan MA. Child maltreatment and neural systems underlying emotion regulation. J Am Acad Child Adolesc Psychiatry. 2015 Sep;54(9):753-62. doi: 10.1016/j.jaac.2015.06.010. Epub 2015 Jun 26. Erratum in: J Am Acad Child Adolesc Psychiatry. 2017 Feb;56(2):181. doi: 10.1016/j.jaac.2016.12.004. PMID: 26299297; PMCID: PMC4548288.
5. Gaertner RJ, Burkart M, Richter L, Schnell P, Finkhäuser M, Klink ESC, et al. Early life adversity blunts the subjective and physiological relaxation response in healthy adults. Sci Rep. 2024 Nov 14;14(1):27992. doi: 10.1038/s41598-024-78340-3. PMID: 39543303; PMCID: PMC11564747.
6. Herringa RJ, Burghy CA, Stodola DE, Fox ME, Davidson RJ, Essex MJ. Enhanced prefrontal-amygdala connectivity following childhood adversity as a protective mechanism against internalizing in adolescence. Biol Psychiatry Cogn Neurosci Neuroimaging. 2016 Jul;1(4):326-34. doi: 10.1016/j.bpsc.2016.03.003. PMID: 27725969; PMCID: PMC5055123.
7. Jaremka LM, Glaser R, Loving TJ, Malarkey WB, Stowell JR, Kiecolt-Glaser JK. Attachment anxiety is linked to alterations in cortisol production and cellular immunity. Psychol Sci. 2013 Mar 1;24(3):272-9. doi: 10.1177/0956797612452571. Epub 2013 Jan 10. PMID: 23307944; PMCID: PMC3816388.
8. Cole SW. The conserved transcriptional response to adversity. Curr Opin Behav Sci. 2019 Aug;28:31-7. doi: 10.1016/j.cobeha.2019.01.008. Epub 2019 Feb 25. PMID: 31592179; PMCID: PMC6779418.
9. Williams DR, Lawrence JA, Davis BA, Vu C. Understanding how discrimination can affect health. Health Serv Res. 2019 Dec;54 Suppl 2(Suppl 2):1374-88. doi: 10.1111/1475-6773.13222. Epub 2019 Oct 29. PMID: 31663121; PMCID: PMC6864381.

10. Vines AI, Baird DD. Stress of caring for children: the role of perceived racism. J Natl Med Assoc. 2009 Feb;101(2):156-60. doi: 10.1016/s0027-9684(15)30829-4. PMID: 19378633; PMCID: PMC5373898.
11. Tynes BM, Giang MT, Williams DR, Thompson GN. Online racial discrimination and psychological adjustment among adolescents. J Adolesc Health. 2008 Dec;43(6):565-9. doi: 10.1016/j.jadohealth.2008.08.021. PMID: 19027644.
12. Porges SW. Polyvagal theory: a science of safety. Front Integr Neurosci. 2022 May 10;16:871227. doi: 10.3389/fnint.2022.871227. PMID: 35645742; PMCID: PMC9131189.
13. Slavich GM. Social safety theory: a biologically based evolutionary perspective on life stress, health, and behavior. Annu Rev Clin Psychol. 2020 May 7;16:265-95. doi: 10.1146/annurev-clinpsy-032816-045159. Epub 2020 Mar 6. PMID: 32141764; PMCID: PMC7213777.
14. Dana, D. Anchored: how to befriend your nervous system using polyvagal theory. Colorado: Sounds True; 2021.
15. Crosswell AD, Mayer SE, Whitehurst LN, Picard M, Zebarjadian S, Epel ES. Deep rest: an integrative model of how contemplative practices combat stress and enhance the body's restorative capacity. Psychol Rev. 2024 Jan;131(1):247-70. doi: 10.1037/rev0000453. Epub 2023 Dec 25. PMID: 38147050; PMCID: PMC11003855.
16. Tashjian SM, Cussen J, Deng W, Zhang B, Mobbs D. Subregions in the ventromedial prefrontal cortex integrate threat and protective information to meta-represent safety. PLoS Biol. 2025 Jan 13;23(1):e3002986. doi: 10.1371/journal.pbio.3002986. PMID: 39804855; PMCID: PMC11730396.
17. Barrett LF. The theory of constructed emotion: an active inference account of interoception and categorization. Soc Cogn Affect Neurosci. 2017 Jan 1;12(1):1-23. doi: 10.1093/scan/nsw154. Erratum in: Soc Cogn Affect Neurosci. 2017 Nov 1;12(11):1833. doi: 10.1093/scan/nsx060. PMID: 27798257; PMCID: PMC5390700.
18. Harrison BJ, Fullana MA, Via E, Soriano-Mas C, Vervliet B, Martínez-Zalacaín I, et al. Human ventromedial prefrontal cortex and the

positive affective processing of safety signals. Neuroimage. 2017 May 15;152:12-8. doi: 10.1016/j.neuroimage.2017.02.080. Epub 2017 Feb 28. PMID: 28254509.
19. Likhtik E, Stujenske JM, Topiwala MA, Harris AZ, Gordon JA. Prefrontal entrainment of amygdala activity signals safety in learned fear and innate anxiety. Nat Neurosci. 2014 Jan;17(1):106-13. doi: 10.1038/nn.3582. Epub 2013 Nov 17. PMID: 24241397; PMCID: PMC4035371.
20. Klumpers F, Raemaekers MA, Ruigrok AN, Hermans EJ, Kenemans JL, Baas JM. Prefrontal mechanisms of fear reduction after threat offset. Biol Psychiatry. 2010 Dec 1;68(11):1031-8. doi: 10.1016/j.biopsych.2010.09.006. PMID: 21075229.
21. Arnsten AF. Stress weakens prefrontal networks: molecular insults to higher cognition. Nat Neurosci. 2015 Oct;18(10):1376-85. doi: 10.1038/nn.4087. Epub 2015 Sep 25. PMID: 26404712; PMCID: PMC4816215.
22. Wiemer J, Leimeister F, Gamer M, Pauli P. The ventromedial prefrontal cortex in response to threat omission is associated with subsequent explicit safety memory. Sci Rep. 2024 Mar 28;14(1):7378. doi: 10.1038/s41598-024-57432-0. PMID: 38548770; PMCID: PMC10979006.
23. Chamon R. Meditação e saúde: dos mosteiros aos consultórios médicos. Santana de Parnaíba: Manole; 2024.

Capítulo 11

1. Barrett LF. The theory of constructed emotion: an active inference account of interoception and categorization. Soc Cogn Affect Neurosci. 2017 Jan 1;12(1):1-23. doi: 10.1093/scan/nsw154. Erratum in: Soc Cogn Affect Neurosci. 2017 Nov 1;12(11):1833. doi: 10.1093/scan/nsx060. PMID: 27798257; PMCID: PMC5390700.
2. Steffen PR, Hedges D, Matheson R. The brain is adaptive not triune: how the brain responds to threat, challenge, and change. Front Psychiatry. 2022 Apr 1;13:802606. doi: 10.3389/fpsyt.2022.802606. PMID: 35432041; PMCID: PMC9010774.
3. Russell JA. Core affect and the psychological construction of emotion. Psychol Rev. 2003; 110:145-72. doi: 10.1037/0033-295X.110.1.145.

4. Storbeck J, Clore GL. On the interdependence of cognition and emotion. Cogn Emot. 2007; 21:1212-37. doi: 10.1080/02699930701438020.
5. LeDoux JE, Damasio AR. Emotions and feelings. In: Kandel ER, Schwartz JH, Jessell TM, Siegelbaum SA, Hudspeth AJ (eds.). Principles of neural science. 5ed. New York: McGraw Hill; 2013.
6. Yau KK, Loke AY. Effects of diaphragmatic deep breathing exercises on prehypertensive or hypertensive adults: a literature review. Complement Ther Clin Pract. 2021 May;43:101315. doi: 10.1016/j.ctcp.2021.101315. Epub 2021 Jan 26. PMID: 33530033.
7. Streeter CC, Whitfield TH, Owen L, Rein T, Karri SK, Yakhkind A, et al. Effects of yoga versus walking on mood, anxiety, and brain Gaba levels: a randomized controlled MRS study. J Altern Complement Med. 2010 Nov;16(11):1145-52. doi: 10.1089/acm.2010.0007. Epub 2010 Aug 19. PMID: 20722471; PMCID: PMC3111147.
8. Newberg AB, Wintering N, Waldman MR, Amen D, Khalsa DS, Alavi A. Cerebral blood flow differences between long-term meditators and non-meditators. Conscious Cogn. 2010 Dec;19(4):899-905. doi: 10.1016/j.concog.2010.05.003. Epub 2010 Jun 8. PMID: 20570534.
9. Afonso RF, Kraft I, Aratanha MA, Kozasa EH. Neural correlates of meditation: a review of structural and functional MRI studies. Front Biosci (Schol Ed). 2020 Mar 1;12(1):92-115. doi: 10.2741/S542. PMID: 32114450.
10. Jha AP. Mindfulness can improve your attention and health. Sci Am. 2013 Mar 1. Disponível em: https://www.scientificamerican.com/article/mindfulness-can-improve-your-attention-health/. Acesso em: 19 maio 2025.
11. JHA AP. Sagaz: encontre seu foco e mude sua vida em 12 minutos por dia. São Paulo: Principium; 2022.
12. Chamon R. Meditação e saúde: dos mosteiros aos consultórios médicos. Santana de Parnaíba: Manole; 2024.
13. Zuázquita JS, Hennessey G. Kindfulness: atenção consciente e amável para o estresse (Portuguese edition). Palas Athena; 2022. E-book.

Capítulo 12

1. Demichelis OP, Grainger SA, McKay KT, Bourdaniotis XE, Churchill EG, Henry JD. Sleep, stress and aggression: meta-analyses investigating associations and causality. Neurosci Biobehav Rev. 2022 Aug;139:104732. doi: 10.1016/j.neubiorev.2022.104732. Epub 2022 Jun 14. PMID: 35714756.
2. Yoo SS, Gujar N, Hu P, Jolesz FA, Walker MP. The human emotional brain without sleep: a prefrontal amygdala disconnect. Curr Biol. 2007 Oct 23;17(20):R877-8. doi: 10.1016/j.cub.2007.08.007. PMID: 17956744.
3. van der Helm E, Yao J, Dutt S, Rao V, Saletin JM, Walker MP. REM sleep depotentiates amygdala activity to previous emotional experiences. Curr Biol. 2011 Dec 6;21(23):2029-32. doi: 10.1016/j.cub.2011.10.052. Epub 2011 Nov 23. PMID: 22119526; PMCID: PMC3237718.
4. Zhao X, Li J, Ren X, Yang J. The effect of sleep on the salivary cortisol response to acute stressors: a review and suggestions. Sleep Med. 2021 Jan;77:35-44. doi: 10.1016/j.sleep.2020.11.026. Epub 2020 Nov 24. PMID: 33310112.
5. Saper CB, Scammell TE, Lu J. Hypothalamic regulation of sleep and circadian rhythms. Nature. 2005 Oct 27;437(7063):1257-63. doi: 10.1038/nature04284. PMID: 16251950.
6. Schaefke B, Li J, Zhao B, Wang L, Tseng YT. Slumber under pressure: REM sleep and stress response. Prog Neurobiol. 2025 Jun;249:102771. doi: 10.1016/j.pneurobio.2025.102771. Epub 2025 Apr 22. PMID: 40273975.
7. Cao D, Zhao Y, Wang Y, Wei D, Yan M, Su S, et al. Effects of sleep deprivation on anxiety-depressive-like behavior and neuroinflammation. Brain Res. 2024 Aug 1;1836:148916. doi: 10.1016/j.brainres.2024.148916. Epub 2024 Apr 10. PMID: 38609030.
8. Walker M. Por que nós dormimos: a nova ciência do sono e do sonho. Borges MLXA, trad. Rio de Janeiro: Intrínseca; 2018.
9. Zellner DA, Loaiza S, Gonzalez Z, Pita J, Morales J, Pecora D, et al. Food selection changes under stress. Physiol Behav. 2006 Apr

15;87(4):789-93. doi: 10.1016/j.physbeh.2006.01.014. Epub 2006 Mar 6. PMID: 16519909.

10. Adam TC, Epel ES. Stress, eating and the reward system. Physiol Behav. 2007 Jul 24;91(4):449-58. doi: 10.1016/j.physbeh.2007.04.011. Epub 2007 Apr 14. PMID: 17543357.
11. Leigh SJ, Uhlig F, Wilmes L, Sanchez-Diaz P, Gheorghe CE, Goodson MS, et al. The impact of acute and chronic stress on gastrointestinal physiology and function: a microbiota-gut-brain axis perspective. J Physiol. 2023 Oct;601(20):4491-38. doi: 10.1113/JP281951. Epub 2023 Sep 27. PMID: 37756251.
12. Kaplan BJ, Rucklidge JJ. The better brain: overcome anxiety, combat depression, and reduce ADHD and stress with nutrition. Boston: Harvest; 2021.
13. Li Y, Lv MR, Wei YJ, Sun L, Zhang JX, Zhang HG, et al. Dietary patterns and depression risk: a meta-analysis. Psychiatry Res. 2017 Jul;253:373-82. doi: 10.1016/j.psychres.2017.04.020. Epub 2017 Apr 11. PMID: 28431261.
14. Morais LH, Schreiber HL 4th, Mazmanian SK. The gut microbiota--brain axis in behaviour and brain disorders. Nat Rev Microbiol. 2021 Apr;19(4):241-55. doi: 10.1038/s41579-020-00460-0. Epub 2020 Oct 22. PMID: 33093662.
15. Tofani GSS, Leigh SJ, Gheorghe CE, Bastiaanssen TFS, Wilmes L, Sen P, et al. Gut microbiota regulates stress responsivity via the circadian system. Cell Metab. 2025 Jan 7;37(1):138-53.e5. doi: 10.1016/j.cmet.2024.10.003. Epub 2024 Nov 5. PMID: 39504963.
16. Hecht EM, Rabil A, Martinez Steele E, Abrams GA, Ware D, Landy DC, et al. Cross-sectional examination of ultra-processed food consumption and adverse mental health symptoms. Public Health Nutr. 2022 Nov;25(11):3225-34. doi: 10.1017/S1368980022001586. Epub 2022 Jul 28. PMID: 35899785; PMCID: PMC9991859.
17. Menichetti G, Barabási AL, Loscalzo J. Chemical complexity of food and implications for therapeutics. N Engl J Med. 2025 May 8;392(18):1836-45. doi: 10.1056/NEJMra2413243. PMID: 40334158.

18. Kubo KY, Iinuma M, Chen H. Mastication as a stress-coping behavior. Biomed Res Int. 2015;2015:876409. doi: 10.1155/2015/876409. Epub 2015 May 18. PMID: 26090453; PMCID: PMC4450283.
19. Mills S, Brown H, Wrieden W, White M, Adams J. Frequency of eating home cooked meals and potential benefits for diet and health: cross-sectional analysis of a population-based cohort study. Int J Behav Nutr Phys Act. 2017 Aug 17;14(1):109. doi: 10.1186/s12966-017-0567-y. PMID: 28818089; PMCID: PMC5561571.
20. Smirmaul BPC. Physical activity calendar. Br J Sports Med. 2019 Apr;53(8):461-2. doi: 10.1136/bjsports-2017-098301. Epub 2017 Oct 19. PMID: 29051170.
21. Caplin A, Chen FS, Beauchamp MR, Puterman E. The effects of exercise intensity on the cortisol response to a subsequent acute psychosocial stressor. Psychoneuroendocrinology. 2021 Sep;131:105336. doi: 10.1016/j.psyneuen.2021.105336. Epub 2021 Jun 18. PMID: 34175558.
22. Heisz JJ, Waddington EE. The principles of exercise prescription for brain health in aging. Exercise, Sport, and Movement. 2024 Winter;2(1):1-5. doi: 10.1249/ESM.0000000000000019.
23. Nowacka-Chmielewska M, Grabowska K, Grabowski M, Meybohm P, Burek M, Małecki A. Running from stress: neurobiological mechanisms of exercise-induced stress resilience. Int J Mol Sci. 2022 Nov 1;23(21):13348. doi: 10.3390/ijms232113348. PMID: 36362131; PMCID: PMC9654650.
24. De Nys L, Anderson K, Ofosu EF, Ryde GC, Connelly J, Whittaker AC. The effects of physical activity on cortisol and sleep: a systematic review and meta-analysis. Psychoneuroendocrinology. 2022 Sep;143:105843. doi: 10.1016/j.psyneuen.2022.105843. Epub 2022 Jun 24. PMID: 35777076.
25. Noetel M, Sanders T, Gallardo-Gómez D, Taylor P, Del Pozo Cruz B, van den Hoek D, et al. Effect of exercise for depression: systematic review and network meta-analysis of randomised controlled trials. BMJ. 2024 Feb 14;384:e075847. doi: 10.1136/bmj-2023-075847.

Erratum in: BMJ. 2024 May 28;385:q1024. doi: 10.1136/bmj.q1024. PMID: 38355154; PMCID: PMC10870815.

26. Chen YC, Chen C, Martínez RM, Etnier JL, Cheng Y. Habitual physical activity mediates the acute exercise-induced modulation of anxiety--related amygdala functional connectivity. Sci Rep 9. 2019;19787. https://doi.org/10.1038/s41598-019-56226-z.
27. Farrance C, Tsofliou F, Clark C. Adherence to community based group exercise interventions for older people: a mixed-methods systematic review. Prev Med. 2016 Jun;87:155-66. doi: 10.1016/j.ypmed.2016.02.037. Epub 2016 Feb 24. PMID: 26921655.
28. Berrueta L, Muskaj I, Olenich S, Butler T, Badger GJ, Colas RA, et al. Stretching impacts inflammation resolution in connective tissue. J Cell Physiol. 2016 Jul;231(7):1621-7. doi: 10.1002/jcp.25263. Epub 2015 Dec 10. PMID: 26588184; PMCID: PMC5222602.
29. Wong A, Figueroa A. Effects of acute stretching exercise and training on heart rate variability: a review. J Strength Cond Res. 2021 May 1;35(5):1459-66. doi: 10.1519/JSC.0000000000003084. PMID: 30789584.
30. Farinatti PT, Brandão C, Soares PP, Duarte AF. Acute effects of stretching exercise on the heart rate variability in subjects with low flexibility levels. J Strength Cond Res. 2011 Jun;25(6):1579-85. doi: 10.1519/JSC.0b013e3181e06ce1. PMID: 21386722.
31. Eda N, Ito H, Akama T. Beneficial effects of yoga stretching on salivary stress hormones and parasympathetic nerve activity. J Sports Sci Med. 2020 Nov 19;19(4):695-702. PMID: 33239943; PMCID: PMC7675619.
32. Hansen MM, Jones R, Tocchini K. Shinrin-Yoku (Forest Bathing) and nature therapy: a state-of-the-art review. Int J Environ Res Public Health. 2017 Jul 28;14(8):851. doi: 10.3390/ijerph14080851. PMID: 28788101; PMCID: PMC5580555.
33. Queirolo L, Fazia T, Roccon A, Pistollato E, Gatti L, Bernardinelli L, et al. Effects of forest bathing (Shinrin-yoku) in stressed people. Front Psychol. 2024 Nov 1;15:1458418. doi: 10.3389/fpsyg.2024.1458418. PMID: 39554703; PMCID: PMC11565252.

34. Aras SG, Runyon JR, Kazman JB, Thayer JF, Sternberg EM, Deuster PA. Is greener better? Quantifying the impact of a nature walk on stress reduction using HRV and saliva cortisol biomarkers. Int J Environ Res Public Health. 2024 Nov 9;21(11):1491. doi: 10.3390/ijerph21111491. PMID: 39595758; PMCID: PMC11594215.
35. Sudimac S, Sale V, Kühn S. How nature nurtures: amygdala activity decreases as the result of a one-hour walk in nature. Mol Psychiatry. 2022 Nov;27(11):4446-52. doi: 10.1038/s41380-022-01720-6. Epub 2022 Sep 5. PMID: 36059042; PMCID: PMC9734043.
36. Gu J, Liu H, Lu H. Can even a small amount of greenery be helpful in reducing stress? A systematic review. Int J Environ Res Public Health. 2022 Aug 9;19(16):9778. doi: 10.3390/ijerph19169778. PMID: 36011414; PMCID: PMC9408062.
37. Hopman RJ, Atchley RA, Atchley P, Strayer DL. How nature helps replenish our depleted cognitive reserves and improves mood by increasing activation of the brain's default mode network. In: Lane SM, Atchley P (eds.). Human capacity in the attention economy. American Psychological Association; 2021. p.159-87. https://doi.org/10.1037/0000208-008.

Capítulo 13

1. Martinelli A, Grüll J, Baum C. Attention and interpretation cognitive bias change: a systematic review and meta-analysis of bias modification paradigms. Behav Res Ther. 2022 Oct;157:104180. doi: 10.1016/j.brat.2022.104180. Epub 2022 Aug 17. PMID: 36037642.
2. Abelson JL, Erickson TM, Mayer SE, Crocker J, Briggs H, Lopez-Duran NL, et al. Brief cognitive intervention can modulate neuroendocrine stress responses to the Trier Social Stress Test: buffering effects of a compassionate goal orientation. Psychoneuroendocrinology. 2014 Jun;44:60-70. doi: 10.1016/j.psyneuen.2014.02.016. Epub 2014 Mar 3. PMID: 24767620; PMCID: PMC4120861.
3. Larsson A, Hooper N, Osborne LA, Bennett P, McHugh L. Using brief cognitive restructuring and cognitive defusion techniques to cope

with negative thoughts. Behav Modif. 2016 May;40(3):452-82. doi: 10.1177/0145445515621488. Epub 2015 Dec 18. PMID: 26685210.
4. Hanson R. O cérebro e a felicidade: como treinar o cérebro para a paz, a confiança e a felicidade duradouras. Martins M, trad. São Paulo: Alaúde; 2011.

Capítulo 14

1. Brody GH, Lei MK, Chae DH, Yu T, Kogan SM, Beach SRH. Perceived discrimination among African American adolescents and allostatic load: a longitudinal analysis with buffering effects. Child Dev. 2014 May-Jun;85(3):989-1002. doi: 10.1111/cdev.12213. Epub 2014 Feb 5. PMID: 24673162; PMCID: PMC4019687.
2. Kogan SM, Kwon E, Brody GH, Azarmehr R, Reck AJ, Anderson T, et al. Family-centered prevention to reduce discrimination-related depressive symptoms among black adolescents: secondary analysis of a randomized clinical trial. JAMA Netw Open. 2023;6(11):e2340567. doi:10.1001/jamanetworkopen.2023.40567.
3. Gillman JC, Turner MJ, Slater MJ. The role of social support and social identification on challenge and threat cognitive appraisals, perceived stress, and life satisfaction in workplace employees. PLoS One. 2023 Jul 12;18(7):e0288563. doi: 10.1371/journal.pone.0288563. PMID: 37437025; PMCID: PMC10337949.
4. Campbell FA, Ramey CT. Effects of early intervention on intellectual and academic achievement: a follow-up study of children from low-income families. Child Dev. 1994 Apr;65(2 Spec No):684-98. PMID: 8013248.
5. Campbell F, Conti G, Heckman JJ, Moon SH, Pinto R, Pungello E, et al. Early childhood investments substantially boost adult health. Science. 2014 Mar 28;343(6178):1478-85. doi: 10.1126/science.1248429. PMID: 24675955; PMCID: PMC4028126.
6. Pei R, Courtney AL, Ferguson I, Brennan C, Zaki J. A neural signature of social support mitigates negative emotion. Sci Rep. 2023 Oct

12;13(1):17293. doi: 10.1038/s41598-023-43273-w. PMID: 37828064; PMCID: PMC10570303.

7. Berretz G, Cebula C, Wortelmann BM, Papadopoulou P, Wolf OT, Ocklenburg S, et al. Romantic partner embraces reduce cortisol release after acute stress induction in women but not in men. PLoS One. 2022 May 18;17(5):e0266887. doi: 10.1371/journal.pone.0266887. PMID: 35584124; PMCID: PMC9116618.
8. Graff TC, Luke SG, Birmingham WC. Supportive hand-holding attenuates pupillary responses to stress in adult couples. PLoS One. 2019 Feb 22;14(2):e0212703. doi: 10.1371/journal.pone.0212703. PMID: 30794665; PMCID: PMC6386442.
9. Kim JW, Ko MJ, Gonzales EL, Kang RJ, Kim DG, Kim Y, et al. Social support rescues acute stress-induced cognitive impairments by modulating ERK1/2 phosphorylation in adolescent mice. Sci Rep. 2018 Aug 13;8(1):12003. doi: 10.1038/s41598-018-30524-4. PMID: 30104581; PMCID: PMC6089908.
10. Puchalski CM. Integrating spirituality into patient care: an essential element of person-centered care. Pol Arch Med Wewn. 2013;123(9):491-7. PMID: 24084250.
11. Hägglund M. This life: secular faith and spiritual freedom. New York: Pantheon; 2019.
12. Michaelson V, Šmigelskas K, King N, Inchley J, Malinowska-Cieślik M, Pickett W; HBSC Spiritual Health Writing Group. Domains of spirituality and their importance to the health of 75 533 adolescents in 12 countries. Health Promot Int. 2023 Jun 1;38(3):daab185. doi: 10.1093/heapro/daab185. PMID: 34897449; PMCID: PMC10319752.
13. Krause N, Shaw B, Liang J. Social relationships in religious institutions and healthy lifestyles. Health Educ Behav. 2011 Feb;38(1):25-38. doi: 10.1177/1090198110370281. Epub 2010 Dec 17. PMID: 21169477; PMCID: PMC3043376.
14. Kohls N, Sauer S, Offenbächer M, Giordano J. Spirituality: an overlooked predictor of placebo effects? Philos Trans R Soc Lond B Biol Sci.

2011 Jun 27;366(1572):1838-48. doi: 10.1098/rstb.2010.0389. PMID: 21576141; PMCID: PMC3130399.

15. Remen RN. Histórias que curam: conversas sábias ao pé do fogão. 3.ed. São Paulo: Ágora; 1998.

Índice remissivo

N

O

P

R

S